पाटलिपुत्र की कहानी पटना की जुबानी

Ramji Chak
NH-30
Makhdhumpur
Kothia
Industrial Estate
Ashiana Nagar
Danapur Road
Pataupura Colony
Nehru Nagar
Mainpur
Bans Ghat
Ganga River
A. N. College
Indira Gandhi Institute Of Medical Sciences
Women College
Gol Ghar
Gandhi Maidan
Apsara
Maurya Patna
Lakshmi Narayan
Patna University
Engineering College
Hospital
Ashok Raj Path
Mahatma Gandhi Setu
Gandak River
Kanthai Ghat
Gauri Shankar
Ganga River
Khwaja Ghat
Hight Court
Pir Mohani
Moinul Haque Stadium
Alibuxpur
Arfabad
Kazibagh
Holy Family
Hanuman Mandir
Vaishali
Gait Road
Sanjay Gandhi Biological Park
Martyrs memorial
Patna RS
TPS College
Chimney
Gulzarbagh RS
Pathar Ghat
Loknayak Jaiprakash Airport
Khagaul Road
Mithapur
Patrakar Nagar
Chakrasida
Agam Kuan
Mugalpura
Sudarshan Path
Adrak Ghat
Phulwari Sharif RS
Jakanpur
Nauratanpur
Hanuman Nagar
Jakriyapur
Birua Chak
Ashok Raj Path
NH-98
Sadhanpuri
Vigraharpur
Kankarbagh
Canai
NH-30
Patna Sahib RS
Women College
Anisabad
Dasratha
Nandlal Chhapra
Jaganpura
Chainpur
Katra
Map not to Scale
Bhira Chak
NH-22
Ghopatpur
Sipara
Paijawa
Patna Bypass Road

पटना

पाटलिपुत्र की कहानी पटना की जुबानी

उर्मिला सिंह
सीताशरण सिंह

प्र
प्रभात प्रकाशन

मंत्रिमंडल सचिवालय (राजभाषा) विभाग,
बिहार के अंशानुदान से प्रकाशित

प्रकाशक • **प्रभात प्रकाशन प्रा. लि.**
4/19 आसफ अली रोड,
नई दिल्ली-110002

संस्करण • 2025
मूल्य • तीन सौ रुपए
मुद्रक • आर-टेक ऑफसेट प्रिंटर्स, दिल्ली

PATLIPUTRA KI KAHANI PATNA KI ZUBAANI
by Urmila Singh/ Sitasaran Singh ₹ 300.00
Published by Prabhat Prakashan Pvt. Ltd., 4/19 Asaf Ali Road, New Delhi-2
e-mail: prabhatbooks@gmail.com ISBN 978-93-5266-138-1

स्वत्व त्याग

" 'पाटलिपुत्र की कहानी, पटना की जुबानी' उपलब्ध ऐतिहासिक तथ्यों, कहावतों एवं किंवदंतियों पर आधारित एक प्रयास मात्र है। हम इसकी पूर्ण सत्यता का दावा नहीं कर सकते।"

पटना संग्रहालय में स्थित 'यक्ष की मूर्ति' (छायाकार : के.एम. शर्मा)

वर्तमान पटना शहर (छायाकार : के.एम. शर्मा)

मैं पटना बोल रहा हूँ

'पाटलिपुत्र की कहानी, पटना की जुबानी' पढ़कर चकित हूँ। मैंने इसे बार-बार पढ़ा और हर बार सर्वथा भिन्न किस्म के आस्वाद का अनुभव किया। इस पुस्तक में इतिहास की उथल-पुथल है, आख्यान के राग-विराग हैं, गल्प की व्यथा-कथा है और हैं संस्मरणों के अनछुए-अनचीन्हे वृत्तांत। इनसे भी बढ़कर है, पाटलिपुत्र, अजीमाबाद और पटना के प्रति लेखिका की रागदीप्त चेतना।

डॉ. उर्मिला सिंह ने पूरी संलग्नता, किंतु अपेक्षित गंभीरता के साथ पाटलिपुत्र से पटना तक की यात्रा तय की है। इसमें उर्मिलाजी का पटना हम पाठकों से बोलता-बतियाता है। शैली इतनी रोचक और भाषा इतनी सहज है, जो बतरस का आनंद देती है। छोटे-छोटे बारह अध्यायों में पटना के अतीत, मध्य युग और आधुनिक काल को पुस्तक में अपेक्षित प्रामाणिकता के साथ दरशाया गया है।

डॉ. उर्मिला सिंह मेरे बचपन के मित्र डॉ. सीताशरणजी की धर्मपत्नी हैं। सीताशरणजी और मैं स्कूल से लेकर कॉलेज तक सहपाठी रहे हैं। ये आचार्य रामलोचन शरणजी के पुत्र हैं। आचार्यजी के जीवन-काल में उनका पुस्तक-भंडार साहित्यिकों का तीर्थ हुआ करता था। श्री सीताशरण ने अपने यशस्वी पिता की विरासत को आगे बढ़ाने का बीड़ा उठाया और वर्षों तक बच्चों की प्रतिष्ठित पत्रिका 'बालक' और हिंदी डाइजेस्ट 'आनंद' का संपादन किया। अस्तु, उनकी धर्मपत्नी उर्मिलाजी का लेखन के प्रति गहरी अभिरुचि अकारण नहीं है।

'पाटलिपुत्र की कहानी, पटना की जुबानी' डॉ. उर्मिला सिंह की कारयित्री प्रतिभा का पहला विस्फोट है। यह महज एक पुस्तक नहीं है, बल्कि एक मुकम्मल दस्तावेज है। इस पुस्तक से उर्मिलाजी को निश्चित ही यश मिलेगा।

मेरी अशेष शुभकामनाएँ।

—सत्यनारायण
वरिष्ठ साहित्यकार एवं कवि
(बिहार राज्य के गीत के रचयिता)

प्रस्तावना

पूरे भारत की क्या कहूँ! पटना के इतिहास पर दृष्टि डालें तो पाएँगे कि बाहरी ताकतों ने इसे अपना कुछ दिया और इससे कुछ लिया भी। फिर भी पटना की जिंदगी से विरासत में संस्कृति का अंश न ले सका।

मिटते-मिटते वह यहाँ अपना प्रभाव डाल गया और विकास की गति को अवरुद्ध कर गया। पाटलिपुत्र में लिखने, पढ़ने और बोलने की भाषा संस्कृत व पाली रही तो पटना के अजीमाबाद के जमाने में अरबी, फारसी और उर्दू बोली, पढ़ी और लिखी गई। समयानुसार उर्दू तथा हिंदी का बोलबाला हो गया। अंग्रेजी भाषा के प्रभाव से पटना नहीं बच सका। प्राचीन इमारतों की बनावट में ईरानी तकनीक देखी गई। नादिरशाह के हमले की तोड़-फोड़ नीति ने ईरानी रिश्तों और प्रभाव को जड़ से हिला दिया। ईरानी तकनीक का प्रभाव अशोक काल में बने स्तूपों में लक्षित है। अंग्रेजों के आने के बाद पड़ोसी तथा एशियाई देशों के साथ संबंधों के सभी दरवाजे बंद हो गए। अंग्रेजियत बहाल होने का प्रयास चल पड़ा। यूनानी व यूरोपीय संस्कृति का प्रभाव काफी हद तक देखा गया। अंग्रेज भी अपनी संस्कृति को पटना नगरी में छोड़ गए, जिसमें आज भी पटनावासी रचे-पचे हैं।

पटना शहर के ढाई हजार वर्षों के इतिहास को कुछ पन्नों में समेट पाना अति दुष्कर कार्य है। ई.पू. 600 के आसपास पटना आर्य-संस्कृति से प्रभावित था। जैन धर्म तथा बौद्ध धर्म को पाटलिपुत्र ने अमर बना दिया। मौर्य साम्राज्य की राजधानी पाटलिपुत्र थी। यह एक सुंदर, सुदृढ़, धनी और विश्वविख्यात नगर था। कुषाणों के काल तक इस नगर की प्रतिष्ठा बरकरार रही।

शेरशाह के समय पाटलिपुत्र पटना के नाम से प्रशासनिक केंद्र बना। अजीम ने पटना को अजीमाबाद का नाम दिया। मुगलकालीन सभ्यता-संस्कृति की छाप बढ़ी। अजीमाबाद और पटना के नाम से इस नगर की प्रसिद्धि बढ़ी। अंग्रेजों के विरुद्ध लड़ाई में पटना की भूमिका खास रही। अजीमाबाद को पटना के पटना सिटी में आज भी देखा जा सकता है। वहाँ के मसजिद, मजार, इमारतें, खँडहर, अजीमाबादी शायर उस जमाने की कथा कह रहे हैं।

अंग्रेजों के समय पटना पूर्वी सीमा का पटना कॉलेज तक का इलाका रहा। पश्चिम में इसका फैलाव गांधी मैदान से सचिवालय तक रहा। आबादी में वृद्धि के साथ पश्चिम की तरफ पटना का फैलाव होता गया, जहाँ सरकारी कार्यालय, मंत्रियों के आवास, उच्चाधिकारियों के निवास, हाई कोर्ट, संजय गांधी जैविक उद्यान, एयरपोर्ट, अस्पताल, व्यापार, दुकानें बड़े-बड़े शो-रूम आदि का जमावड़ा है।

गांधी मैदान और उसके आसपास (छायाकार : के.एम. शर्मा)

गोलघर (पटना)

पटना शहर की दिलचस्प इतिहास के तथ्यों पर आधारित कहानी को कलमबद्ध करने में काफी परिश्रम करना पड़ा फिर भी पटना से संबंधित ग्रंथों, पुस्तकों, रिपोर्टों, प्राचीन दर्शनीय स्थलों के भ्रमण से जो कुछ भी थोड़ी जानकारी प्राप्त हुई, उसे लिखने का यह विनम्र प्रयास है। पाठकों को पसंद आएगा। प्रतिष्ठित कवि और बिहार राज्य-गीत के रचयिता श्री सत्यनारायण को धन्यवाद कैसे कहूँ! उनकी प्रेरणा से मुझे इस पुस्तक को सँवारने में विशेष मार्ग-दर्शन मिला।

'पाटलिपुत्र की कहानी, पटना की जुबानी', उपलब्ध ऐतिहासिक तथ्यों, कहावतों एवं किंवदंतियों पर आधारित एक प्रयास मात्र है। हम इसकी पूर्ण सत्यता का दावा नहीं कर सकते।

पाटलिपुत्र से पटना तक की यात्रा की कहानी बयाँ कर रही है—

मेरी इस पावन धरती पर बुद्ध कहलाए भगवान् महावीर का हुआ महाप्रयाण। चंद्रगुप्त मौर्य ने अखंड भारत की तसवीर प्रस्तुत किया। अशोक,

चंड अशोक से अशोक महान् बने। प्रियदर्शी कहलाए। अशोक स्तंभ पर सजा चिह्न भारत का राष्ट्रीय चिह्न बना।

अत्याचारी धनानंद का कुशासन कुछ काल तक मगध में रहा। पुनः चंद्रगुप्त मौर्य एवं अशोक ने मगध की बागडोर सँभाली एवं पाटलिपुत्र की धरती को अपनी बुद्धिमत्ता से सींचा।

चाणक्य से परिचय मेरी धरती ने करवाया। 'अर्थशास्त्र' के रचयिता कौटिल्य का जन्म मेरी पुण्य धरती पर हुआ। पहले संविधान की नींव यहाँ पड़ी। पाणिनि, कालिदास, आर्यभट्ट, वात्स्यायन सभी पाटलिपुत्र से जुड़े थे।

गुरु गोविंद सिंह का जन्म मेरी पावनभूमि पर हुआ। खालसा पंथ की शुरुआत हुई। शेरशाह के पाँच सालों के शासन में नए सिरे से मुझे यानी पाटलिपुत्र को सशक्त किया।

पुनः मैं अजीम के नाम पर अजीमाबाद कहलाया। अंग्रेजों के आगमन से मेरा दोहन प्रारंभ हो गया। सत्रहवीं शताब्दी में मैं अंतरराष्ट्रीय व्यापार का केंद्र बन गया। अंग्रेजों को भारत छोड़ो का पाठ गांधीजी ने पढ़ाया। अहिंसा, सत्याग्रह, असहयोग आंदोलन का नारा बुलंद किया और सामाजिक समानता का संदेश दिया।

—उर्मिला सिंह
—सीताशरण सिंह

वर्तमान पटना में अवस्थित घाट (छायाकार : के.एम. शर्मा)

आभार

पाटलिपुत्र से पटना के इस सफरनामे को कहने में हमारे संत-गुरु, भूतपूर्व प्रोफेसर (विज्ञान संकाय), डॉ. शशि शेखर सिन्हा का अविस्मरणीय योगदान है।

'ग्लोबल रीच' के निदेशक रविलोचन, इतिहासकार एवं लोकप्रिय कवि सत्यनारायण तथा लेखक, पूर्व प्रकाशक, व्यापार रणनीतिकार, अन्वेषक अमृता वर्मा चौधरी के सलाह-मशवरा के लिए अपना आभार प्रकट करती हूँ।

इस पुस्तक के मुखपृष्ठ का निर्माण हेतु मोनोजीत माँझी एवं पांडुलिपि लिपीकरण के लिए अमित शंकर के साथ-साथ छायाकार के.एम. शर्मा, आर. रहमान एवं अजय कुमार धन्यवाद के पात्र हैं।

—उर्मिला सिंह

—सीताशरण सिंह

अनुक्रम

ANCIENT PATALIPUTRA

ANCIENT LITERATURES REFER PATALIPUTRA BY VARIOUS NAMES LIKE PATALIGRAM, PATALIPUR, KUSUMPUR, PUSHPAPUR OR KUSUMDHVAJ. IN 6TH CENTURY B.C. IT WAS A SMALL VILLAGE WHERE BUDDHA, SOMETIME BEFORE HIS DEATH, HAD NOTICED A FORT BEING CONSTRUCTED UNDER THE ORDERS OF KING AJATSHATRU OF RAJGRIH FOR DEFENCE OF MAGADH KINGDOM AGAINST THE LICHCHAVI REPUBLIC OF VAISHALI. IMPRESSED BY ITS STRATEGIC LOCATION KING UDAYIN, SON AND SUCCESSOR OF AJATSHATRU, SHIFTED THE CAPITAL OF MAGADH KINGDOM FROM RAJGRIH TO PATALIPUTRA IN THE MIDDLE OF 5TH CENTURY B.C SINCE THEN FOR ABOUT THOUSAND YEARS PATALIPUTPA REMAINED THE CAPITAL OF GREAT INDIAN EMPIRES OF SHAISHUNAG, NANDA, MAURYA, SUNGA AND GUPTA DYNASTIES. THE PLACE HAS ALSO BEEN AN IMPORTANT CENTRE OF ACTIVITY IN THE FIELDS OF LEARNING, COMMERCE, ART AND RELIGION. STHULBHADRA THE EMINENT JAIN ASCETIC HAD CONVENED A COUNCIL HERE DURING THE PERIOD OF CHANDRAGUPT MAURYA. DURING ASHOKA'S REIGN THE THIRD BUDDHIST COUNCIL WAS HELD HERE. HOWEVER THERE IS AN OPINION THAT IT CONTINUED TO BE THE CAPITAL DURING EARLY PALA PERIOD ALSO. THEREAFTER THE PLACE MIGHT HAVE LOST ITS CAPITAL STATUS.

A NUMBER OF FAMOUS AUTHORS ARE ASSOCIATED WITH PATALIPUTRA, NOTABLE BEING KAUTILYA OR CHANAKYA AUTHOR OF ARTHASHASTRA AND PATANJALI WHO WROTE MAHABHASHIA. FA-HIEN, THE FAMOUS CHINESE TRAVELLER OF EARLY 5TH CENTURY A.D. HAS DESCRIBED PATALIPUTRA AS A PROSPEROUS CITY AND A FAMOUS CENTRE OF LEARNING.

THE FIRST VIVID ACCOUNT OF PATALIPUTRA INCLUDING ITS MUNICIPAL ADMINISTRATION COMES AT ABOUT 300 B.C. FROM MEGASTHENESE, THE CELEBRATED GREEK AMBASSDOR AT THE COURT OF CHANDRAGUPTA MAURYA, WHO MENTIONS IT AS PALIBOTHRA IN HIS BOOK NAMED INDICA. ACCORDING TO HIS ACCOUNT THE SPREAD OF THE CITY WAS LIKE A PARALLELOGRAM, ABOUT 14 KMS EAST-WEST ALONG THE RIVER GANGES AND 3 KMS NORTH-SOUTH. THE CIRCUMFERENCE OF THE CITY WAS ABOUT 36KMS. THE CITY WAS PROTECTED BY MASSIVE TIMBER PALISADES AND FURTHER DEFENDED BY A BROAD AND DEEP MOAT WHICH ALSO SERVED AS A CITY SEWER. KAUTILYA IN HIS BOOK ARTHASHASTRA ALSO INDICATES WIDE RAMPART AROUND THE CITY REMNANTS OF THE WOODEN PALISADES HAVE BEEN DISCOVERED DURING A SERIES OF EXCAVATIONS AT LOHANIPUR, BAHADURPUR, SANDALPUR, BULANDIBAGH, KUMRAHAR AND SOME OTHER LOCATIONS IN PATNA. MEGASTHENESE ALSO MENTIONS ABOUT A ROYAL PALACE OF CHANDRAGUPTA MAURYA BUILT OF TIMBER AND DESCRIBES IT TO BE FAR SUPERIOR TO THE PALACES OF SUSA AND ECBATANA IN PRESENT IRAN IN TERMS OF BEAUTY AND MAGNIFICENCE.

कुम्हरार पार्क अवस्थित शिलापट्ट अभिलेख (छायाकार : आर. रहमान)

पाटलिपुत्र की कहानी, पटना की जुबानी

(पाटलिपुत्र से पटना तक का सफर)

पटना बोला—क्या?

मेरा प्राचीन नाम पाटलिपुत्र था। मैं विश्वविख्यात नगर हूँ। मैं जितना पुराना हूँ, मेरी दास्तान भी उतनी ही मनोरंजक एवं पुरानी है। मैं करीब एक हजार वर्षों तक प्राचीन भारत की राजधानी रहा। मैंने समय-समय पर अनेक कालजयी सम्राटों, राजाओं, योद्धाओं, चिंतकों, विद्वानों, विचारकों, संतों, समाज-सुधारकों एवं राजनीतिज्ञों को पनपाया, जिनकी अमिट छाप संपूर्ण भारत पर ही नहीं देश के बाहर विदेशों में भी देखी गई।

मैं मौर्य तथा गुप्त साम्राज्यों की राजधानी बना। गंगा नदी के तट पर अवस्थित होने के कारण पाटलिपुत्र के बाहर के नगरों, अरब एवं यूरोपीय देशों के साथ मेरे व्यापारिक और सांस्कृतिक संबंध विकसित हुए। मैं बौद्ध एवं जैन धर्म का प्रमुख केंद्र तो था ही, साथ ही दसवें सिख गुरु, 'खालसा पंथ' के प्रवर्तक, गुरु गोविंद सिंह की जन्मभूमि रहा। आज मैं सिखों का प्रमुख तीर्थस्थान हूँ।

इतिहास के पन्नों को पलटें तो पाएँगे कि अपना उत्थान-पतन मैंने जितनी बार देखा, उतना शायद और किसी नगर ने न देखा हो। अनेक बार मैं उजड़ा, बना, बसा और पुनः धराशायी हो गया। आज भी मेरे यहाँ की पुरानी भव्य इमारतें, मंदिर, मसजिद, मजार तथा भग्नावशेष बिन बोले मेरी कथा सुना रहे हैं।

नवनिर्मित पाटलिपुत्र रेलवे स्टेशन (छायाकार : अजय कुमार)

पटना रेलवे स्टेशन (छायाकार : अजय कुमार)

पाटलिपुत्र से पटना तक का इतिहास सौंदर्य, समृद्धि और उतार-चढ़ाव का काल रहा। मैं, पाटलिपुत्र ने समय-समय पर अनेक कालजयी सम्राटों, राजाओं, योद्धाओं, चिंतकों, विद्वानों, विचारकों, संतों, समाजसुधारकों एवं राजनीतिज्ञों को पनपाया, जिनकी अमिट छाप संपूर्ण भारत पर ही नहीं, देश के बाहर विदेशों में देखी गई। मैं अनेक नामों से पुकारा गया। नाम के अनुसार मेरे चोले में परिवर्तन दिखा।

पाटलिपुत्र के पहले मैं पाटलिग्राम कहलाता था। तत्पश्चात् मुझे कुसुमपुर, पुष्पपुरा के नाम से पुकारा गया, क्योंकि मेरी धरती पर पुष्पों की भरमार थी। इस तरह से मैं बागों का शहर कुसुमपुर, पुष्पपुरा कहलाया। मेरे यहाँ के तमाम मुहल्लों में 'बाग' शब्द का जुड़ा होना स्वाभाविक है। राम बाग, बाग लोदन, जफरखाँ का बाग, बाग मालू खाँ, बाग कालू खाँ, सब्जीबाग, गुलजारबाग, गर्दनीबाग इत्यादि बागों के आधार पर मोहल्लों के होने का अपना एक ऐतिहासिक महत्त्व है। ग्रीक नाम पोलिबोथा तथा चीनी नाम पो-लियेन 'फ' की भी संज्ञा मिली। मुगल शासनकाल में अजीमाबाद, पुनः वर्तमान में बिहार प्रांत की राजधानी, पटना, के नाम से विभूषित हो, मैं अपनी पाटलिपुत्र से पटना तक की यात्रा का वृत्तांत सुनाने आपके सामने प्रस्तुत हूँ।

मैं, आपको जता देना चाहता हूँ कि 'पाटलि' शब्द गुलाब के पुष्प की ओर संकेत करता है। एक अर्थ यह भी है कि 'पाटल' अर्थात् नाव लगाने के ठिकानों को कहा जाता है। इतिहास के पन्नों को पलटें, तो पाएँगे कि अजातशत्रु के शासनकाल में मैं पाटल बना। पोर्ट यानी बंदरगाह के रूप में मगध सैनिकों द्वारा संरक्षित था। आप पूछेंगे कि मैं 'पाटल' से पाटलिपुत्र कैसे कहलाया। मगध के सम्राट् अजातशत्रु ने मुझे 'पाटलिपुत्र' की संज्ञा दी। चार नदियों, खासकर गंगा, गंडक, सोन एवं पुनपुन के जंक्शन पर बंदरगाह की स्थापना कराई, ताकि मगध साम्राज्य की लिच्छवियों की सेना से रक्षा की जा सके एवं लिच्छवी गंगा पार कर मगध साम्राज्य को तंग न करें। मेरे बंदरगाह पर सैनिकों का पहरा था। किसी एक सैनिक को गुलाब का पुष्प

बहुत पसंद था। उसने गुलाब के पौधों को मेरे हृदय पर लगा दिया। मेरा नाम कुछ काल तक कुसुमपुर, पुष्पपुरा भी पड़ गया। एक मान्यता के अनुसार, पटनदेवी के नाम पर मेरा नाम 'पटना' पड़ा हो। चाहे कुछ भी हो, मैं पाटलिपुत्र के नाम से ज्यादा प्रसिद्ध रहा। मेरे बारे में एक कथा और भी है। पाटली नाम की एक राजकुमारी ने मेरी जमीन पर एक पुत्र को जन्म दिया। फलत: 'पाटली' के साथ 'पुत्र' जुड़ गया और मैं 'पाटलिपुत्र' कहलाया। मेगास्थनीज ने मुझे 'पोलिब्रोथ', हालेमी ने पालिमबोथ तथा ह्वेनसांग ने पा-लीन-तौ के नाम से पुकारा। मैं खुद में अनोखा हूँ। ऐसा नाम भारत के किसी नगर का नहीं। वाह! वाह! मुझे अपने नाम पर गर्व है। मेरी कथा काफी पुरानी है। मैं पाटलिग्राम, कुसुमपुर, पुष्पपुरा, पालिब्रोथ आदि नामों से जाना गया और पाटलिपुत्र के नाम में तब्दील हो कई सदियों तक अपनी गाथा गाता रहा। अजातशत्रु ने 'वैशाली', लिच्छवियों की नगरी, को जीतकर अपने विश्वसनीय मंत्रियों सुनिधि एवं वास्कर की मदद से गंगा के किनारे 'पाटलिपुत्र' नाम के महानगर को बसाया। अजातशत्रु के पुत्र उदयन ने मुझे सुंदर, सुदृढ़ व्यवस्थित नगर में परिवर्तित कर मगध की राजधानी राजगृह (वर्तमान राजगीर) से स्थानांतरित कर पाटलिपुत्र ले आया।

□

भगवान् बुद्ध का आगमन

मैं जब पाटलिग्राम कहलाता था, भगवान् बुद्ध राजगृह (राजगीर) से कुशीनगर की ओर जा रहे थे। उसी समय अजातशत्रु के स्थापत्य कला विशेषज्ञ अमात्य सुनिधि और वास्कर पाटलिग्राम में किले के निर्माण में व्यस्त थे। वज्जियों को जीतने के लिए नगर बसाया जा रहा था। उन्होंने रात्रि में पाटलिग्राम में विश्राम किया। 'महापरिनिर्वाणसूत्र' में इसका उल्लेख है कि दुर्ग की नींव पड़ते देख भगवान् बुद्ध ने अपने शिष्य 'आनंद' से इसके संबंध में जिज्ञासा की। पाटलिग्राम के जिस पथ से बुद्ध निकले उस पथ का नाम उक्त दो महात्माओं द्वारा 'गौतम द्वार' तथा जिस घाट से गंगा पार किया उसका नाम 'गौतम तीर्थ' रखा। उन्होंने मेरे बारे में भविष्यवाणी की और आनंद से कहा—"मैं, देखता हूँ कि इस पाटलिग्राम में हजारों-हजारों देवस्वरूप नागरिक निवास करते हैं। यहाँ सभ्य लोगों के निवास-स्थान हैं। यह पाटलिपुत्र नगर के नाम से विख्यात होगा और वाणिज्य-व्यवसाय का बहुत बड़ा केंद्र होगा। परंतु इसके साथ ही इसे तीन चीजों

भगवान् बुद्ध (स्रोत : 'http://asiasocietymuseum.org')

का बराबर भय बना रहेगा और वह है आग, पानी और आपसी फूट।''

मुझे आश्चर्य है कि भगवान् बुद्ध की वाणी सच हुई। मेरे लिए हर्ष की बात थी कि मैं चहुँ विकास की चरम-सीमा तक तो पहुँचा, परंतु अग्निकांड, जल-जमाव, बाढ़, भूकंप व आपसी फूट, कलह के कारण मेरा नगरीकरण उजड़ा, बिगड़ा। मैं हिम्मत हारनेवाला नहीं था। पुनः उठ खड़ा हुआ एवं राजधानी 'पाटलिपुत्र' के नाम से मेरी पताका लहराने लगी। अजातशत्रु के उत्तराधिकारी पुत्र उदयन (उदयी) ने मेरे नगर की भव्यता को ही देख अपनी राजधानी राजगृह से पाटलिपुत्र स्थानांतरित किया।

जब मैं 'पाटलिपुत्र' के नाम से जाना जाता था, तब 'गर्ग संहिता' नामक ग्रंथ में एक ज्योतिष ने मेरे बारे में दिलचस्प कथा कही—

''गंगा के दक्षिणी किनारे पर राजर्षि उदयन एक नगर की स्थापना करेंगे, जो मजबूत दीवारों से घिरा होगा, नागरिकों की आबादी काफी होगी और चारों ओर सुंदर बाग लगे होंगे। पाटलिपुत्र या पुष्पाव्य के नाम से प्रसिद्ध यह नगर पाँच हजार पाँच सौ वर्ष, पाँच माह, पाँच दिन तथा पाँच मुहूर्त चार घंटा तक कायम रहेगा।''

बुद्ध-अवशेष (छायाकार : के.एम. शर्मा)

मेरे बारे में यह कथन काफी आशावादी, आश्चर्यजनक और दिलचस्प है। मेरी अस्मिता को कोई खतरा नहीं जान पड़ा। बुद्ध के समय मैं पाटलिपुत्र, राजगृह से श्रावस्ती जानेवाले मार्ग पर पड़ता था। पाटलिपुत्र के इस मार्ग पर बढ़ने पर गंगा नदी को पार करना पड़ता था। पाटलिपुत्र उस मार्ग पर एक महत्त्वपूर्ण पड़ाव था, जो गांधार राष्ट्र की राजधानी तक्षशिला से क्रमशः इंदपत्ते, मथुरा, वेरंजा, सोरेट्, कज्णकुंज, पयागपतिट्ठान, काशी, पाटलिपुत्र और राजगृह होता हुआ ताम्रलिपित तक जाता था। पाटलिपुत्र से गंगा नदी के जलमार्ग से भिक्षुणी संघमित्र अशोक के राज्यकाल में ताम्रलिपित गई, जहाँ से लंका के लिए समुद्री मार्ग से नौकाएँ उपलब्ध थीं। पाटलिपुत्र से स्थलीय मार्ग भी ताम्रलिपित तक जाता था। गंगा नदी द्वारा काशी तथा सहजाति तक पाटलिपुत्र के व्यवसायी, व्यापारी, यात्रियों का आवागमन होता था। वैशाली से भिक्षु, नावों द्वारा पाटलिपुत्र होते हुए, सहजाति तक गए। पाटलिपुत्र के इस संदर्भ में भगवान् बुद्ध की वाणी सर्वथा सत्य एवं उपयुक्त प्रतीत होती है। मैंने देखा कि बौद्ध धर्म आहिस्ता-आहिस्ता फैल रहा था। इसका विकास आम लोगों में सुधार के आंदोलन के रूप में हो रहा था और कुछ ब्राह्मण विचारक भी इस ओर खिंचे चले आए। लेकिन आमतौर पर ब्राह्मणों ने इसका विरोध किया। बौद्धों को नास्तिक और प्रचलित-कायम धर्म के खिलाफ बगावत करनेवाला बताया। ढाई सदी बाद अशोक ने बौद्ध धर्म स्वीकार किया तथा भारत और भारत से बाहर प्रचार करने में उसने अपनी पूरी शक्ति लगा दी।

बुद्ध की प्रमुख शिक्षा थी कि हमें अपने ऊपर संयम रखना चाहिए। "आदमी लड़ाई में हजार आदमियों पर विजय हासिल कर सकता है, लेकिन जो अपने ऊपर विजय पाता है, वही सबसे बड़ा विजयी है।"... "दूसरे के ऊपर विजय पाना ही दुःख का कारण होता है"... "विजय नफरत उपजाती है, क्योंकि विजित दुःखी होता है।" मैंने देखा कि पाटलिपुत्र की गली-गली, नगर-नगर में व्यक्तियों के हृदय में बौद्ध धर्म का सोता बहना प्रारंभ हो चुका था। कइयों के जीवन जीने की कला में भी परिवर्तन हो गया। एक प्रश्न

कुछ के मनों में अवश्य उठे—"क्या बौद्ध धर्म निष्क्रियता और निराशावाद सिखाता है?" मेरे मन में भी इस प्रश्न के उत्तर में विचार उठे कि निष्क्रियता तथा निराशावाद की बुनियाद पर खड़े किसी धर्म के अनुयायियों की इतनी बड़ी संख्या कैसे हो सकती है? अनुयायियों में योग्य एवं बुद्धिमान ब्राह्मणों की संख्या भी काफी थी।

आपको जता दूँ कि मुझे कुसुमपुर से पाटलिपुत्र के रूप में सम्राट् उदयन ने ही विकसित किया। इसके साक्षी गार्गी-संहिता, युग-पुराण, वायु-पुराण हैं। उदयन जैन धर्म का अनुयायी था। इसी वजह से उसने मुझ पाटलिपुत्र में एक जैन चैतन्यगृह का निर्माण कराया। मेरी कहानी प्राचीन पाटलिपुत्र के वक्त नदियों का संगम बना बंदरगाह के निर्माण से शुरू होती है। मैं पटना संभवतः मछुआटोली मोहल्ला गंगा का तट रहा हूँ और मछुआरों के नाव लगाने, मछली मारने-पकड़ने का पड़ाव। बिहार का इतिहास पटना के गौरवगाथा से प्रारंभ होता है। मेरी गौरवगाथा का प्रमुख काल बौद्धकाल से माना जा सकता है। बौद्ध महापरिनिर्वाणसूत्र बतलाते हैं कि उस समय मगध की राजधानी राजगृह (राजगीर)थी, जिसे गिरिव्रज के नाम से जाना जाता है, सोन, गंगा, गंडक और पुनपुन के संगम पर अवस्थित मेरा (पाटलिग्राम) सामरिक महत्त्व था। ई.पू. 5वीं सदी में मैं मगध की राजधानी पाटलिग्राम से पाटलिपुत्र के नाम में परिवर्तित हो चुका था।

इतिहास ने मेरे बारे में कई तरह की रोचक एवं अविस्मरणीय घटनाओं एवं कथाओं को अपने गर्भ में सँजोकर रखा है। मैं उन ऐतिहासिक घटनाओं एवं कथाओं को आपको सुनाए बिना नहीं रह सकता। मैं आज का पटना हूँ, जिसकी जमीन पर कई महायुद्ध लड़े गए, कई राजा-महाराजाओं, शासकों ने शासन किया। पाटलिपुत्र से पटना के सफर के दौरान अजातशत्रु के बाद उनके पुत्र उदयन की हत्या के उपरांत क्रमशः उसके तीनों पुत्रों अनिरुद्ध, मुंडक और नागदशक ने मगध पर राज्य किया। तीनों के पितृहंता एवं अत्याचारी होने के कारण मेरे ऊपर शिशुनाग नामक योग्य अमात्य राजा बन बैठा एवं नागवंश की परंपरा चली। मगध की राजधानियाँ गिरिव्रज और

वैशाली थीं। मेरा सौभाग्य देखिए—शिशुनाग की मृत्यु (394 ई.पू.) होने के पश्चात् उसका पुत्र कालाशोक (काकवर्ण) अपनी राजधानी को पाटलिपुत्र ले आया। इसके बाद से ही मैं मगध की राजधानी पाटलिपुत्र के नाम से बना रहा। नागवंश का अंतिम शासक नंदिवर्धन था। उसके 344 ई.पू. तक के शासनकाल से नागवंश का अंत हो गया।

मगध की राजधानी मैं था ही, मगध का नंदवंश (344-321 ई.पू.) का सर्वाधिक शक्तिशाली राजा महापद्मनंद सिद्ध हुआ। मगध के विशाल साम्राज्य की सीमाएँ गंगाघाटी को पार कर गई थीं। मगध में नंदवंश का अंतिम शासक धनानंद था। समृद्ध एवं बलशाली होते हुए भी वह अत्यंत दुराचारी, अत्याचारी, धनलोलुप होने के कारण प्रजा का प्रिय न बन सका। उसके शासनकाल में सिकंदर को व्यास नदी के किनारे से ही लौटना पड़ा।

मैं पाटलिपुत्र वर्तमान पटना का प्राचीन नाम के रूप में धनानंद के शासनकाल में योग्यता, कुशलता, विद्वत्ता की अनदेखी देखता रहा। चाणक्य जैसे महान् विद्वान् ब्राह्मण को दरबार में अपमानित होना पड़ा। मैंने देखा कि असंतोष एवं प्रतिकूल वातावरण का लाभ उठाकर चाणक्य ने चंद्रगुप्त मौर्य की मदद से धनानंद की हत्या करवा दी एवं मगध को अत्याचारी शासक से मुक्ति दिलवा दी। इस प्रकार नंदवंश के शासनकाल की समाप्ति 321 ई.पू. हो गई।

चीनी यात्री ह्वेनसांग ने मेरे बारे में लिखा—पाटलिपुत्र में पाँच (5) स्तूप नंद राजाओं के सात (7) बहुमूल्य पदार्थों से संचित कोषों का प्रतिनिधित्व करते थे। मगध की आर्थिक सुदृढ़ता के कारण मैं, पाटलिपुत्र, शिक्षा एवं संपन्नता का प्रमुख केंद्र बन गया। हर्ष की बात है कि महापद्मनंद के मित्र आचार्य पाणिनि ने मेरी जमीन पर ही शिक्षा ग्रहण की। मैं शैक्षिक एवं सांस्कृतिक, दोनों ही दृष्टियों से प्रगति के पथ पर था। मेरा पाटलिपुत्र से पटना तक का सफर मौर्य वंश की ओर अग्रसर हुआ। मैं पटना उस समय तक मगध की राजधानी पाटलिपुत्र के रूप में पूरी तरह जम चुका था। परंतु मुझे लगातार युद्ध एवं बदलते साम्राज्यों के राजाओं के विचारों के उत्थान-

पतन की प्रक्रियाओं की चोट खानी पड़ी एवं समय-समय पर परिवर्तनों की माँगों को झेलना पड़ा।

मैं पटना आपको बता दूँ कि मैं कितना भाग्यशाली हूँ कि भगवान् बुद्ध जीवन के अंतिम काल में मेरी धरती पाटलिपुत्र से गुजरे। उन्होंने मेरे स्वर्णिम भविष्य की घोषणा की, परंतु मुझे दुःख इस बात का भी है कि उन्होंने यह भी भविष्यवाणी की कि मैं कालांतर में बाढ़, अग्नि एवं कलह से नष्ट हो जाऊँगा। आज पटना का बुद्धमार्ग उनके नाम की कथा सुना रहा है। मैं अति गौरवान्वित हूँ। वर्तमान का मैं, पटना, प्राचीन मगध की राजधानी पाटलिपुत्र एक योग्य सुशासक की बाट जोह रहा था। मैंने देखा कि चंद्रगुप्त मौर्य ने नंदवंश (343-321 ई.पू.) के अंतिम सम्राट् धनानंद को मारकर मौर्य साम्राज्य (321-184 ई.पू.) की स्थापना की।

मुझे यह जताते हुए हर्ष हो रहा है कि चंद्रगुप्त मौर्य मेरी भूमि पर जन्मा था। उसने मुझे अपने साम्राज्य की राजधानी बनाए रखा तथा अपने समय में भारत की सीमा को हिंदूकुश पर्वत तक फैला दिया। हिंदूकुश को यूनानी लेखकों ने इंडियन 'काकेशस' का नाम दिया। सेल्यूकस की पराजय यहीं पर हुई। चंद्रगुप्त मौर्य के समय मेगास्थनीज (305 ई.पू.) पाटलिपुत्र आए और उन्होंने अपनी पुस्तक 'इंडिका' में मेरे बारे में यानी राजधानी पाटलिपुत्र पर विस्तृत चर्चा की तथा नगर के प्रशासन की देख-रेख के लिए 6 (छह) समितियों के बारे में भी लिखा। मगध साम्राज्य बिंबिसार से प्रारंभ होकर चंद्रगुप्त मौर्य के समय पराकाश पर पहुँचा। मैं राजधानी के गौरव रंग से रंजित भारतीय आर्थिक एवं राजनीतिक शक्तियों का केंद्र था। मेरी संरचना लकड़ी से निर्मित थी। महल, तल्लेनुमा मकान एवं दरवाजे लकड़ी के बने हुए थे। चारों तरफ से बगीचों एवं जलाशयों से घिरा हुआ मैं अति शांति एवं संतोष का जीवन जी रहा था। जल-जमाव को रोकने एवं कचरों की सफाई की व्यवस्था उत्तम थी। नालों द्वारा गंदगी को बहाकर गड्ढों में गिराने का प्रबंध था। मेगास्थनीज ने मेरी सुरक्षा के बारे में लिखा—मैं, पाटलिपुत्र, चारों तरफ से लकड़ी की दीवारों से घिरा हुआ था तथा 64 (चौंसठ) दरवाजेनुमा

फाटकों तथा 570 (पाँच सौ सत्तर) बुर्जों से संरक्षित था। चंद्रगुप्त मौर्य की शासन व्यवस्था का गुणगान कितना भी करूँ, वह अल्प ही है। चंद्रगुप्त मौर्य के प्रमुख अमात्य आचार्य चाणक्य जिन्हें कौटिल्य, विष्णुगुप्त भी कहते हैं, के संबंध में चर्चा करने हेतु मैं अति व्याकुल, उत्सुक हो रहा हूँ। क्यों न होऊँ! चाणक्य जैसे प्रकांड विद्वान् का जन्म मेरी ही जमीन पाटलिपुत्र में हुआ, जो वेद, शास्त्र, राजनीति, कूटनीति के महान् ज्ञाता थे। उनके द्वारा रचित पुस्तक 'अर्थशास्त्र' में 4 (चार) हजार श्लोक, 15 अधिकरण बताए जाते हैं। चाणक्य का 'अर्थशास्त्र' हिंदू राज-व्यवस्था एवं शासन से संबंधित प्राचीनतम ग्रंथ आज के समय में मेरी धरोहर है।

मैं गौरवान्वित हूँ कि चंद्रगुप्त मौर्य के पश्चात् उसका पुत्र बिंदुसार (298-273 ई.पू.) मगध की गद्दी पर बैठा तथा अपने पुत्र अशोक की मदद से विभिन्न क्षेत्रों से होते विद्रोहों को कुचलकर चंद्रगुप्त मौर्य की शासन-व्यवस्था की तर्ज पर मगध को एकच्छत्र राज्य के रूप में कायम रखा। 25 (पच्चीस) वर्षों तक बिंदुसार ने शासन किया। उसकी मृत्यु (273 ई.पू.) के उपरांत उसका योग्य पुत्र अशोक प्रियदर्शी (273 ई.पू.) मौर्य साम्राज्य की गद्दी पर आरूढ़ हुआ।

सम्राट् अशोक (स्रोत : 'i.ytimg.com')

मेरे बारे में फाहियान (337-422 ई.) ने लिखा कि मेरे लकड़ीनुमा ढाँचे में बदलाव हो चुका था। मैं अब लौह समान प्रस्तर से बने मजबूत संरचना पर खड़ा था। अशोक (272-332 ई.पू.) की व्यवस्थित शासन व्यवस्था की सुदृढ़ता भग्नावशेषों से लक्षित थी।

फाहियान ने 399-414 ई. तक भारत में विभिन्न सांस्कृतिक केंद्रों

का भ्रमण किया। उस समय मगध पर चंद्रगुप्त द्वितीय (विक्रमादित्य) का शासन था।

मगध राज्य उत्तर भारत के विशाल तटवर्ती मैदानों के ऊपरी तथा निचले हिस्सों के मध्य सुरक्षित था। सामरिक दृष्टि से इसकी दोनों ही राजधानियाँ (राजगीर और पाटलिपुत्र) अत्यंत सुरक्षित थीं। बाह्य आक्रमण से मुक्ति पाने की दृष्टि से ई.पू. पाँचवीं सदी में मगध के शासक अपनी राजधानी पाटलिपुत्र आए, जो सामरिक दृष्टि से सुदृढ़ थी। पाटलिपुत्र गंगा, गंडक, पुनपुन और सोन नदियों के संगम पर अवस्थित था। पाटलिपुत्र से थोड़ी ही दूरी पर सोन नदी बहती थी। वास्तव में चारों तरफ से नदियों से घिरे होने के कारण मेरी स्थिति अभेद्य जलदुर्ग की बन गई थी। नदियों को पार कर आसानी से मुझ पर पर कब्जा करना संभव नहीं था। फलतः मगध के शासक राजधानी की सुरक्षा से मुक्त थे। राजधानी पाटलिपुत्र का शासन 6 (छह) समितियों द्वारा होता था। 600 (छह सौ) फीट चौड़ी और 30 (तीस) फीट गहरी एक खाई नगर के बाहर थी। चारों तरफ लकड़ी की दीवारें थीं, जिसमें 64 दरवाजे तथा 570 बुर्ज थे।

बौद्ध साहित्य से ज्ञात होता है कि राजगृह राजधानी के नाम से पनप चुका था। मेरा भविष्य राजधानी पाटलिपुत्र अभी भविष्य के गर्भ में था। बिंबिसार तथा अजातशत्रु के समय पाटलिपुत्र उभरकर आया। राजा उदयन ने मुझे पूर्ण आकार दिया। पाटलिपुत्र पहले से एक दुर्ग के रूप में विराजमान था। अजातशत्रु ने अवंति के आक्रमण को रोकने के लिए इसे बनवाया था। यह सोन और गंगा के कोण पर बसा था और निरंतर बढ़ती हुई सीमाओं वाले साम्राज्य का शक्ति केंद्र बन सकता था।

261 ई.पू. से मेरे वक्ष पर लड़े गए अनेक युद्धों, कलहों, विद्रोहों के विश्राम का काल प्रारंभ हुआ, क्योंकि अशोक ने 261 ई.पू. कलिंग की विजय के पश्चात् युद्ध न करने का संकल्प लिया। कलिंग युद्ध में अत्यधिक रक्तपात होने के कारण उसका हृदय परिवर्तन हो गया। उसने अपनी साम्राज्यवादी नीति को छोड़ दिया एवं युद्ध न करने का संकल्प लिया। वह बौद्ध धर्म का

अनुयायी हो गया तथा राज्य के साधनों को धम्म के प्रचार-प्रसार में लगा दिया। फलतः राजकोष में धन की कमी होने लगी। राजनीतिक व साम्राज्यवादी महत्ता को झटका लगा। बौद्ध ग्रंथों (दिव्यावदान) के अनुसार अशोक के शासन में मगध की राजधानी पाटलिपुत्र के रूप में गौरवान्वित था। उसके शासनकाल में तृतीय बौद्ध-संगीति का आयोजन मेरे यहाँ यानी पाटलिपुत्र में ही हुआ था।

मेरे शांतिपूर्ण एवं सुखद जीवन में पुनः अशांति एवं अराजकता का भय पनपने लगा। अशोक के 37 वर्षों के शासनकाल के उपरांत उसके उत्तराधिकारियों की अयोग्यता, प्रशासन की कमजोरी एवं साम्राज्य की विशालता के कारण अराजकता फैलने लगी। मैं पतन की ओर उन्मुख हुआ। मौर्य वंश का अंतिम शासक वृहद्रथ (184 ई.पू.) के बाद क्रमशः शुंग वंश, कव्य वंश (72-27 ई.पू.) एवं कुषाण काल (पहली-दूसरी सदी ई.) के शासनकाल में मैं पाटलिपुत्र राजनीतिक गतिविधियों का केंद्र था।

मैं भयग्रसित था। अपने आपको छिन्न-भिन्न अवस्था में हो जाने के डर से कंपित था। मुझे अपने पर रोना आ रहा था। करूँ भी तो क्या! एक बार फिर नए शक्तिशाली शासक का इंतजार करने लगा।

□

मौर्यकालीन पाटलिपुत्र

मैं मौर्यकाल में राजधानी के रूप में एक गौरवमय जीवन जी रहा था। यही नहीं, मौर्यकाल की शासन-व्यवस्था की सुचारुता, सुदृढ़ता एवं कुशलता ने मुझे और भी महिमामय बना दिया। मेरे जीवन का यह स्वर्णिम युग था। यह साम्राज्य 321 ई.पू. स्थापित हुआ। आखिर था यह कैसा राज्य? शासन-व्यवस्था कैसी थी? चाणक्य के 'अर्थशास्त्र' में शासन के सिद्धांत एवं व्यवहार के सभी पहलुओं पर विचार हुआ है। यह था एकच्छत्र शासन। शहरों और गाँवों की इकाइयों में स्वराज्य था। चुने हुए योग्य अनुभवी सदस्य इन इकाइयों की राजकीय मामलों की देखभाल करते थे। एक विस्तृत दृढ़ नौकरशाही थी। खुफिया विभाग काफी शक्तिशाली था। नेहरूजी द्वारा लिखित

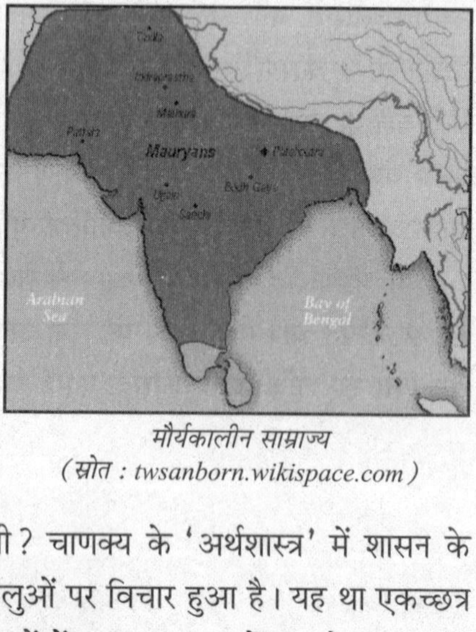

मौर्यकालीन साम्राज्य
(स्रोत : twsanborn.wikispace.com)

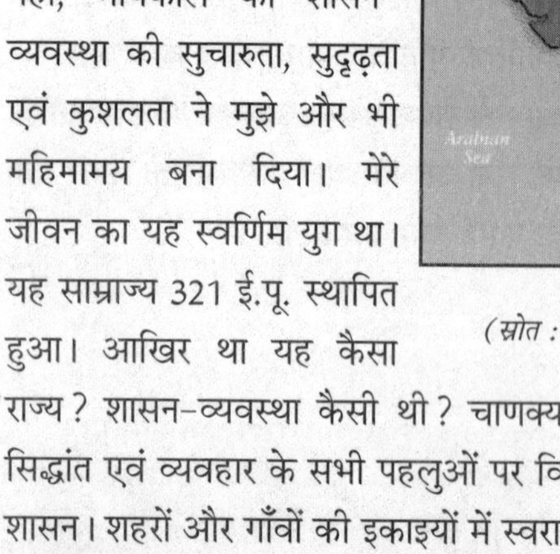
चाणक्य *(स्रोत : 'image.indiaopines.com')*

सम्राट् अशोक स्तंभ (स्रोत : *'realtymyths.com'*)

'भारत की खोज' में भी मौर्य साम्राज्य की शासन-व्यवस्था की चर्चा है। खेती पर कई तरह के कायदे-कानून एवं नियंत्रण लगे हुए थे। मंडियों, बाजारों, कारखानों, पानी-व्यवस्था, शिकार, कसाईखानों, शराबखानों, वेश्यालयों पर बंदिशें लगी हुई थीं और समय-समय पर इनकी जाँच होती थी। माप-तौल सब जगहों पर एक सी थी। सफाई तथा रुग्णालयों की व्यवस्था सुचारु थी। राज्य की ओर से यतीमों, विधवाओं, बीमार, कमजोर-वर्गों की समय-समय पर मदद की जाती थी। अमीरों के गबन करने पर, कौमी संकटों के लाभ उठाने पर उनकी संपत्ति जब्त कर ली जाती थी। व्यापार पर कर लगा हुआ था। धर्म के कामों पर भी शुल्क रूप में धनराशि देनी पड़ती थी। नियमों और कानूनों का उल्लंघन करने पर या किसी तरह के अपराध पर मंदिरों का धन जब्त कर लिया जाता था। अकाल-सूखा व भुखमरी से बचाने की जिम्मेदारी राज्य की थी। कुल अन्न-भंडार का आधा हिस्सा अनिश्चितकाल के लिए बचाकर रखा जाता था। कायदे-कानून शहरी इलाकों में मुस्तैदी से लागू होते थे। गाँवों के लिए ढिलाई थी, स्वराज्य था। मैंने अनुभव किया कि सिद्धांत के रूप में ये सब बातें काफी दिलचस्प हैं। मैं मौर्यकाल की चुस्त-दुरुस्त शासन-व्यवस्था पर अचंभित था। यह एक स्तर बन चुका था। चाणक्य का 'अर्थशास्त्र' राजा और अमात्यों के कर्तव्यों का बयान करता है। सलाहकारों की मदद ली जाती थी। राज-सभा बुलाई जाती थी। राज्य के महकमों, कूटनीति, लड़ाई और संधि का भी 'अर्थशास्त्र' चर्चा करता है। सेना में पैदल, घुड़सवार, रथों, हाथियों की बड़ी संख्या थी। चाणक्य का कहना कि गिनती से कुछ होता जाता नहीं, अगर संयम न हो और ठीक नेता न हो, तो यही सेना भार हो सकती है। चाणक्य की पुस्तक 'अर्थशास्त्र' में रक्षा और किलेबंदी के बारे में भी चर्चा है। राज्यारोहण के वक्त राजा को अपनी प्रजा की सेवा करने की प्रतिज्ञा करनी पड़ती थी।

साम्राज्य में व्यापार खूब होता था। दूर-दूर तक चौड़ी सड़कें बनी हुई थीं। किनारों पर यात्रियों के लिए आरामगाह की व्यवस्था थी। खास सड़क को राजपथ कहा जाता था।

मेगास्थनीज का कहना कि लोग सौंदर्य एवं नफासत की चीजों के प्रेमी थे। ऊँचाई को बढ़ाने के लिए जूतों का इस्तेमाल होता था।

मैंने देखा मौर्य साम्राज्य में क्रमशः विलासिता ने डेरा डाला, सादगी घटी, कामों का बँटवारा बढ़ा तथा संगठन भी। संप्रदायों और पेशेवरों की आम बैठक अलग-अलग जगहों पर होतीं तथा दावतें भी दी जातीं। मनोरंजन के धंधे में गवैयों, नचनियों और स्वाँग करनेवालों ने पैर जमा लिये। उत्सवों के अवसर पर सड़कों पर रोशनी की जाती थी। शाही जुलूस भी निकलते थे। मेगास्थनीज ने पाटलिपुत्र को पालिब्रोथा के नाम से पुकारा। मेरे नगर की सभी दीवार लकड़ी से बनी हुई थी शायद भूकंप के असर को कम किया जा सके। नगर व्यवस्थित तथा सुचारु था।

पाटलिपुत्र में लोगों का चुना हुआ नगर निगम था। इसमें 30 सदस्य थे तथा पाँच-पाँच सदस्यों से बनी 6 (छह) समितियाँ कार्यरत थीं। रुपए-पैसे, पानी, सफाई, सार्वजनिक इमारतों की, बाग-बगीचों की देखभाल म्यूनिसिपैलिटी करती थी। अशोक के काल में एक कारागार भी बनाया गया था। उचित दंड की व्यवस्था थी।

चाणक्य के अर्थशास्त्र के अनुसार, पाटलिपुत्र नगर का निर्माण योजनाबद्ध तरीके से हुआ था। मैदान, उपवन, झील, तालाब आदि सभी तरीके से बनाए गए थे। घरों की दीवारों तथा छतों की मजबूती की पूरी व्यवस्था थी। भवन-निर्माण के बारे में कौटिल्य ने सलाह दिया कि इसका निर्माण किसी भी घर की दो अर्तनी या तीन फीट की दूरी पर होना चाहिए ताकि हवा और रोशनी घरों में पहुँच सके। कौटिल्य के उपर्युक्त तथ्यों की प्रामाणिकता पुरातात्त्विक सामग्रियों से होती है। खुदाई में लकड़ी के बने नालों की जानकारी मिलती हैं। नाले जमीन के नीचे बनाए जाते थे। पेयजल की आपूर्ति के लिए नगर में कुएँ बने हुए थे।

नीहार रंजन राय का ('मौर्य तथा मौर्योत्तर कला', दिल्ली 1778, पृ. 7-10) कहना है कि कुम्हरार से प्राप्त अशोक स्तंभ ईरानी शैली से निर्मित हैं। चंद्रगुप्त के राजमहल में ऐसे प्रांगण थे, जिसके चमकते स्तंभ सोने की

बेलों तथा चाँदी की चिड़ियों से अलंकृत थे। कुम्हरार की खुदाई में सोने की बेलों के टुकड़े पाए गए हैं। श्री वैडेल (1894–99) तथा डॉ. स्नूपर के प्रयास से सन् 1915 और बाद में डॉ. अनंत सदाशिव अलटेकर की कोशिशों से जो खुदाइयाँ हुईं और उसमें विशाल राजप्रासाद के अवशेष मिले उनसे ऐतिहासिक तत्त्वों पर खास प्रकाश पड़ा। यह ज्ञात होता है कि मौर्यकालीन सम्राटों के राजभवन कभी इसी स्थान पर खड़े थे। फाहियान ने लिखा है—यहाँ के निवासी धनी और उन्नतिशील हैं। न्याय और दान के मामले में मानो यहाँ के नागरिकों में होड़ सी लगी रहती है। देश-देशांतर के लोग यहाँ विद्याध्ययन करने आते हैं।

ईसा से करीब 235 वर्ष पूर्व मेरे पाटलिपुत्र में बौद्धों का बहुत बड़ा सम्मेलन हुआ, जिसमें आपसी विवादों का निबटारा हुआ। करीब दस हजार से भी ज्यादा बौद्ध भिक्षु इस सम्मेलन में शामिल हुए एवं इस सम्मेलन को तृतीय संगीति की संज्ञा दी गई।

ईसा से करीब 370 वर्ष पूर्व, आचार्य भद्रबाहु के समय में उनके शिष्य स्थूलिभद्र की अध्यक्षता में जैन साधुओं एवं श्रावकों का वृहद् सम्मेलन बुलाया गया। लगातर बारह वर्षों तक मगध में अकाल पड़ने के कारण कई जैन साधु-संत पाटलिपुत्र छोड़कर भाग गए थे। लुप्तप्राय चौदहों 'पूर्व' एवं 'अंगों' के संकलन के लिए पाटलिपुत्र में जैनियों की विशाल धर्म-सभा हुई, जिसे 'प्रथम जैनी वाचना' कहते हैं।

□

स्थूलिभद्र एवं कोशा

मेरी नजरें मगध की महान् विभूति स्थूलिभद्र की अनदेखी कैसे कर सकती हैं ? क्योंकि मेरी पटना तक की यात्रा उनसे होकर जाती है। मैं मगध की दो प्रमुख गणिकाओं में नगर-वधू कोशा और स्थूलभद्र के प्रेम को कैसे भुला दूँ? दूसरी गणिका उपकोशा वररुचि के प्रेम में डूबी थी।

कोशा और स्थूलिभद्र के रिश्ते को जानने के पहले मैं आपको मगध की तवायफों, गणिकाओं के राजकीय कार्यों के संपादन के संबंध में बता दूँ। मैं आज का पटना, राजधानी पाटलिपुत्र के नाम से काफी प्रसिद्ध, सुनियोजित एवं सुव्यवस्थित था। गणिकाएँ गुप्तचरी तथा देशी-विदेशी मेहमानों का मनोरंजन करती थीं। इनकी आर्थिक स्थिति काफी अच्छी थी। मौर्यकाल में वेश्याओं को ठाट-बाट का नमूना माना जाता था। प्रत्येक मंगल-कार्य तब तक पूरे नहीं होते थे, जब तक वेश्या उसका मंगलाचरण न करे। वेश्या की बेटी को वेश्या का ही काम करना पड़ता था, चाहे वह प्रतिष्ठित घरानों की ही क्यों न हों। एक शासक कम-से-कम तीन वेश्या अवश्य रखता था। सम्राट् अशोक की रखैलों की संख्या तीन से अधिक थी। यह एक सामाजिक प्रथा थी। वेश्याओं के अलग मुहल्ले थे। सौंदर्य नष्ट हो जाने के बाद राजकीय वेश्याएँ कोशागार या लंगर का प्रबंध करती थीं।

अशोक के काल में वेश्याओं की विशेष मान-प्रतिष्ठा थी। बौद्ध साहित्य 'मिलिंद प्रश्न' (अनुवादक, भिक्षु जगदीश कश्यप, नागपुर 1986, पृ. 147-48) के अनुसार एक दिन सम्राट् अशोक गंगा नदी के दर्शन करने गए।

गंगा नदी जल से लबालब भरी थी। उनके साथ आए अन्य अधिकारियों से अशोक ने पूछा—क्या तुम लोगों में ऐसा कोई है, जो गंगा नदी की धारा को उलटी बहा सके? सभी ने इसे असंभव बताया। बिंदुमती नामक एक वेश्या, जो वहाँ उपस्थित थी, ने सम्राट् के इस प्रश्न को सुना। वह मन-ही-मन विचार करने लगी। पाटलिपुत्र से पटना तक के सफर में मेरा यह बिंदुमती का जिक्र भले ही अप्रासंगिक लगे, पर है बड़ा मन बढ़ानेवाला। यद्यपि उसकी जीविका निम्नकोटि की थी, परंतु उसका सत्यबल कमाल का था। बिंदुमती अपने रूप को बेचनेवाली गणिका थी, परंतु आज वह सम्राट् को अपना सत्यबल दिखाना चाहती थी। उसने अपना सत्यबल लगाया। फलतः गंगा की धारा उलटी बहने लगी। अशोक सहित सभी आश्चर्य में पड़ गए। वे अधिकारियों से पूछने लगे—अरे! गंगा की उलटी धार कैसे बहने लगी? महाराज! आपके प्रश्न सुनकर बिंदुमती गणिका ने अपना सत्यबल लगा दिया और नदी की धार को उलट दिया। अशोक ने आश्चर्यचकित हो बिंदुमती से पूछा—अरे! तुम नीच कोटि के कर्म करनेवाली, छिनाल, पापिनी, काम में अंधे लोगों को लूटकर खानेवाली औरत के पास सत्यबल कहाँ से आया? बिंदुमती ने उत्तर दिया—आप जैसा कहते हैं, मैं ठीक वैसी ही हूँ, परंतु मुझमें सत्यबल का इतना तेज है कि मैं उस बल से देवताओं, मनुष्यों के साथ इस लोक को भी उलट सकती हूँ। कैसे? महाराज, चाहे क्षत्रिय या वैश्य या शूद्र जो भी एक बार मेरा सेवामूल्य चुका देता है, मैं सभी को बराबर समझकर सेवा करती हूँ। न क्षत्रियों को ऊँचा या शूद्रों को नीचा समझती हूँ। मेरा सत्यबल यही है, जिसके द्वारा मैंने गंगा नदी की धार को उलटी बहा दिया।

प्रायः ढाई हजार वर्ष पूर्व जब नंदों का शासन था, रूप-यौवन से भरी कोशा नाम की गणिका ने पाटलिपुत्र में अपने दार्शनिक चिंतन से अपार कीर्ति अर्जित की थी। वैशाली की अंबपाली की ही भाँति कोशा नगर-वधू का नाम गौरव एवं गर्व से स्मरण किया जाता है। मैंने पाटलिपुत्र की कोशा को करीब से देखा, सुना और पहचाना। आज मैं पटना के नाम से जाना जाता हूँ, परंतु कोशा को श्रद्धा से नमन करता हूँ।

स्थूलिभद्र एवं कोशा

(स्रोत : *'http://sarvamangalam.org/Janistories/AcharyaSthulibhadra11.aspx'*)

आचार्य भद्रबाहु रचित 'श्री कल्पसूत्र' से पता चलता है कि करीब 392 ई.पू. कोशा पाटलिपुत्र में थी। मगध सम्राट् नंद के प्रधान सचिव शकडाल के ज्येष्ठ पुत्र स्थूलिभद्र ने अपने जीवन के बारह वर्ष कोशा के यहाँ बिताए।

उस समय ऐसी परंपरा थी कि मंत्री की मृत्यु के बाद उस पद का हकदार उसका बड़ा पुत्र होता था। शकडाल के मरने के बाद स्थूलिभद्र की खोज हुई। स्थूलिभद्र के अनुज श्रीयक से पूछताछ की गई। मंत्रिपद का अधिकारी स्थूलिभद्र कहाँ है? श्रीयक ने जवाब दिया—वे बारह वर्षों से कोशा नामक गणिका के यहाँ रह रहे हैं और उसके साथ रहते हुए वे बारह करोड़ स्वर्ण मुद्राएँ खर्च कर चुके हैं। अंततः स्थूलिभद्र को कोशा के यहाँ से बुलवाया गया। उन्हें जब ज्ञात हुआ कि उनके पिता शकडाल की हत्या छल से कर दी गई है, तो वे अत्यंत उदास हो गए और उन्होंने वैराग्य ले लिया। जैन आचार्य श्री संभूति विजयजी से उन्होंने दीक्षा ली।

चौमासा के समय आचार्य संभूति विजय ने आश्रम के शिष्यों को तपस्या वास्ते विभिन्न स्थानों में भेजा। स्थूलिभद्र को कोशा के यहाँ, दूसरे को सिंह की गुफा में, तीसरे को सर्प के बिल-द्वार पर और चौथे को कुएँ पर पाटन के लिए रखी लकड़ी पर चौमासा बिताने के लिए भेज दिया।

इन सबों में स्थूलिभद्र की तपस्या सबसे कठिन थी। तपस्या में तप सोने की तरह खरा उतरकर जब वे आचार्य के आश्रम पहुँचे तो आचार्य ने उठकर स्थूलिभद्र का स्वागत-सम्मान किया। अन्य शिष्यों को आचार्य के इस सम्मानपूर्ण प्रदर्शन से बड़ा क्षोभ और आश्चर्य हुआ।

सिंह की गुफा में चौमासा बितानेवाले शिष्य को बड़ा दुःख हुआ कि वेश्या के घर ऐशो-आराम से चौमासा बिताकर लौटे स्थूलिभद्र का गुरुदेव ने इतना स्वागत क्यों किया? ऐसा विचारने के पश्चात् उसने अगला चौमासा कोशा के यहाँ बिताने का निश्चय किया। कोशा के यहाँ जाकर वह उसके रूप-लावण्य में फँस गया। कोशा ने धन की याचना की। उसके पास देने को धन नहीं था। तब कोशा ने नेपाल नरेश द्वारा बँटनेवाले रत्न-कंबल लाने को

कहा। तपस्वी निकल पड़ा। नदी, नाले, जंगल, पहाड़, बीहड़ रास्तों को पार कर रत्न-कंबल लाकर कोशा को दिया।

कोशा ने एक दिन स्नानोपरांत उसी कंबल से अपने अंग को पोंछना शुरू किया। तपस्वी बड़ी कठिनाई एवं यातनाओं को सहकर वह कंबल लाया था। वह कह उठा—यह क्या कर रही हो? कोशा ने छूटते हुए उत्तर दिया—"अरे मूर्ख! लोक-परलोक दोनों का कल्याण चरित्र से इस रत्न-कंबल का क्या अधिक मूल्य है? तुझे बोलने का क्या अधिकार है।" तुमने अपना चरित्र भ्रष्ट तो किया ही तथा कंबल को हासिल किया। मेरा शरीर इससे अधिक मूल्यवान है। मैं अपने शरीर की गंदगी पोंछ रही हूँ।

वह तपस्वी स्थूलिभद्र के प्रति उत्पन्न ईर्ष्या की भावना से बहुत लज्जित हुआ। आचार्यजी के पास वापस जाकर क्षमा-प्रार्थना की। वह जान गया था कि पूर्व वाले चौमासा में स्थूलिभद्र द्वारा कोशा के यहाँ बिताया गया काल अत्यंत कठोर रहा होगा। कठिन तपस्या में सफल होने के कारण ही आचार्य संभूति विजय ने उठकर स्थूलिभद्र का सम्मानपूर्वक स्वागत किया था। स्थिति के सही-सही ज्ञान नहीं रहने के कारण अन्य तपस्वियों की ईर्ष्या निरर्थक थी।

महावीर के निर्वाण के पश्चात् स्थूलिभद्रजी के समय ही पाटलिपुत्र में एक बड़ी वाचना हुई। प्राचीन गुजराती तथा राजस्थानी कविता साहित्य में स्थूलिभद्र और कोशा के प्रसंग को लेकर आख्यान उपलब्ध हैं, जो प्रकृति काव्य की दृष्टि से महत्त्वपूर्ण हैं। संस्कृत, प्राकृत साहित्य स्थूलिभद्र के जीवन पर प्रकाश डालते हैं। स्थूलिभद्रजी का निर्वाण मेरी धरती पर (पाटलिपुत्र में) हुआ। गुलजारबाग स्टेशन के समीप इनके निर्वाण-स्थल को 'कमलदह' के नाम से पुकारते हैं।

मुझे बताने में जरा भी हीनता का अनुभव नहीं हो रहा कि गणिका की संज्ञा से विभूषित कोशा नृत्यकला में पारंगत थी। वह सूई की नोंक पर भी आसानी से नृत्य कर सकती थी। 'श्री कल्पसूत्र' में यह लिखा मिलता है कि एक बार उसका रथ हाँकनेवाला गुणज्ञ सारथी उस पर आसक्त हो गया। उसने कोशा को अपनी चमत्कारिता से मोहित करना चाहा। वह

धनुष-बाण चलाने की कला में निपुण था। अपने धनुष-बाण का प्रयोग कर जंगल से गुजरते वक्त आम का फल तोड़कर अपनी मालकिन को दिया। कोशा उसकी मंशा समझ गई। सारथी के दर्प को अपने हुनर से भंग करने की सोची। सूई की नोंक पर नृत्य करने में मर्मज्ञ कोशा को राई की ढेर के बीच गड़ी सूई की नोंक पर नृत्य करते देख सारथी चकित रह गया। कोशा ने उसका दंभ दमन कर दिया। भद्रबाहु रचित प्राकृत ग्रंथ 'श्री कल्पसूत्र' में कोशा के संबंध में काफी वर्णन मिलते हैं। जैन ग्रंथ भी कोशा—पाटलिपुत्र की नगर-वधू—के विशद वर्णन से भरे हुए हैं। पद्मश्री से अलंकृत बिहार के महाकवि श्री पोद्दार रामावतार 'अरुण' ने तो कोशा पर महाकाव्य लिख डाला। पटना से ही 'कोशा' नामक मासिक पत्रिका का प्रकाशन श्री विजय अमरेश के संपादन में वर्षों से हो रहा है।

यद्यपि ये दृष्टांत इतिहास बन चुके हैं, परंतु आज भी जीवंत हैं। मेरे यहाँ गुलजारबाग स्टेशन के समीप श्री कमलदह सिद्ध क्षेत्र है, जो सुदर्शन स्वामी का निर्वाण-स्थल है। ठीक यहाँ से सटे एक टीले पर मंदिर है, जिसके अंदर आचार्य स्थूलिभद्र के चरण-चिह्न विराजमान हैं। ऐसा विश्वास है कि यह स्थान पाटलिपुत्र की नगर-वधू एवं स्थूलिभद्र की चित्रशाला थी, जहाँ महामुनि स्थूलिभद्र ने चातुर्मास बिताया था। यह उनकी तपस्थली भी कही जा सकती है।

ग्यारहवीं सदी में मैं पाटलिपुत्र, उज्ज्वल महत्त्वपूर्ण स्थल के प्रतीक के रूप में जाना जाता था। अलबेरूनी ने अपनी कृति 'तहकीके-हिंद' में मेरा जिक्र किया है।

इस प्रकार मैं बिंबिसार, अजातशत्रु के शासनकाल से विकसित होता हुआ—चंद्रगुप्त मौर्य, सम्राट् अशोक तथा गुप्तवंश के राज्यकाल तक मगध साम्राज्य की राजधानी बना रहा। तत्पश्चात् लगातार युद्धों, कलहों, प्राकृतिक आपदाओं, मतभेदी, शक्तिहीन बेवकूफ शासकों के हाथों पतन के गर्त में डूबकर तड़पता रहा। मेरी छवि धूमिल होती रही, परंतु मैंने अपना अस्तित्व लुप्त रूप में ही सही, जीवंत रखा।

मेरे बारे में अनेक शोध, खोज हुए। उन शोधों के अनुसार सम्राट् अशोक का राजमहल पटना के छोटी पहाड़ी से कुम्हरार तक 10 किमी. के क्षेत्र में फैला हुआ था। उस समय मेरे क्षेत्र में स्थित भिखना पहाड़ी मोहल्ला की ऊँचाई 12 मीटर एवं फैलाव 1 (एक) मील थी। सम्राट् अशोक ने अपने संतभाई के लिए इसी पहाड़ी पर एक कुटीर का निर्माण करवाया था। यहीं पर पंच पहाड़ियों का निर्माण भी हुआ था।

मेगास्थनीज ने मेरे (पाटलिपुत्र) क्षेत्र में स्थित कुम्हरार, भिखना पहाड़ी, बुलंदीबाग, कंकड़बाग जैसे कई स्थानों का वर्णन अपनी यात्रा के दौरान किया। मेगास्थनीज ने मेरा यानी पाटलिपुत्र का 'पालिब्रोथा' के नाम से उल्लेख किया है। संभवतः नगरदेवी (पटनदेवी) के नाम पर मेरा नाम पटना पड़ा हो।

□

गुप्तकाल एवं गुप्तकालीन पाटलिपुत्र

मेरा उत्थान गुप्तकाल में पुनः प्रारंभ हुआ एवं गुप्तकाल में मुझे राजधानी बनने का गौरव पुनः प्राप्त हुआ। 232 ई.पू. 40 वर्षों के दीर्घ शासन के बाद चक्रवर्ती अशोक सम्राट् का देहांत संभवतः पाटलिपुत्र में ही हो गया।

अशोक के पुत्रों में 'तीवर' का नाम अभिलेखों में मिलता है, जिसकी मृत्यु उसके शासनकाल में ही हो गई। 'राजतरंगिणी' के प्रमाणों से ज्ञात होता है, उसका दूसरा पुत्र 'जालौक' शैव था, जिसने अपने को पिता की मृत्यु के पश्चात् कश्मीर में स्वतंत्र कर लिया। तीसरा पुत्र 'कुणाल', जो नेत्रविहीन था, ने आठ वर्षों तक गद्दी सँभाली। अंत में वृहद्रथ राजा बना तथा अपने ही सेनापति पुष्यमित्र शुंग के हाथों मारा गया।

मैंने देखा अशोक के उत्तराधिकारी अत्यंत कमजोर थे। प्रांतों में पृथक्कीकरण की भावना बढ़ रही थी। प्रांतों में अत्याचार तथा निरंकुशता को बढ़ावा मिल रहा था। इन दुर्बल बिखरी परिस्थितियों को समेटने के लिए अब अशोक जीवित नहीं था।

शुंगवंश का प्रमुख राजा पुष्यमित्र 184 ई.पू. मौर्यवंश का अंत कर सिंहासन पर बैठा। विदर्भ पर आधिपत्य जमाने की घटना का वर्णन मिलता है। अश्वमेध का अनुशन पुष्यमित्र के शासनकाल की प्रमुख घटना थी। 36 वर्ष राज्य करने के उपरांत 148 ई.पू. पुष्यमित्र की मृत्यु हो गई। उसका पुत्र अग्निमित्र विदिशा के शासक के रूप में राजतंत्र में दक्ष था, गद्दी पर बैठा। उसकी मृत्यु पश्चात् उसके पुत्र वसुमित्र ने गद्दी सँभाली। शुंगों के ब्राह्मण साम्राज्य के समय साहित्य कला की काफी प्रगति हुई।

मैं देख रहा था कि शुंगों के बाद कंवकुल आया, जिनमें चार राजा हुए तथा इनका शासन 45 वर्षों तक रहा। कंवकुल भी शुंगों की भाँति ही ब्राह्मण था। तत्पश्चात् सातवाहनकुल और कुषाणकाल आया और गया। कुषाणकाल में कनिष्क सबसे शक्तिशाली राजा हुआ। वह महान् योद्धा तथा बौद्ध धर्म का संरक्षक था। मैं उदासीन रहा।

गुप्तकाल—हेमचंद्र राय चौधरी के अनुसार, अपने पूर्ववर्ती शासक बिंबिसार की भाँति चंद्रगुप्त प्रथम (320-335 ई.) द्वितीय ने मगध साम्राज्य की स्थापना की।

चंद्रगुप्त प्रथम ने लिच्छवियों के साथ मैत्रीपूर्ण संबंध बनाए। फलस्वरूप उसे पूर्वकालिक शक्ति सहसा प्राप्त हो गई। परिणामत: उसने पाटलिपुत्र पर अधिकार प्राप्त कर लिया। उसके इस प्रयास पर मैं अति प्रसन्न था। चंद्रगुप्त प्रथम के बाद उसका पुत्र समुद्रगुप्त (325-375 ई.) गद्दी पर बैठा। वह असाधारण योग्यतावाला, विजेता, योद्धा, विद्वान् और विद्या का उदार संरक्षक सिद्ध हुआ। इतिहासकार वी.ए. स्मिथ ने उसे 'भारतीय नेपोलियन' कहा है। वह महान् संगीतज्ञ एवं वीणावादक था। कला एवं संस्कृति के रक्षक के रूप में समुद्रगुप्त के विशाल साम्राज्य की राजधानी मैं 'पाटलिपुत्र' था। अश्वमेध यज्ञ का इसे पुनरुद्धारकर्ता कहा गया है। अनुशन के अंत में समुद्रगुप्त ने अनंत दान भी दिया।

समुद्रगुप्त के बाद चंद्रगुप्त विक्रमादित्य द्वितीय के समय (399-412 ई.) चीनी यात्री फाहियान भारत आया था। उसने मेरे बारे में लिखा—"पाटलिपुत्र का राजा परम भागवत है। धार्मिक मतभेद न होने के कारण किसी को उसके राज्य में क्लेश नहीं उठाना पड़ता।" गुप्तकाल में बौद्ध धर्म के प्रचार हेतु लंका, बर्मा, चंपा, सुमात्रा, चीन, तिब्बत आदि देशों में विद्वान् और भिक्षु फैले। पाटलिपुत्र के सिंहासन पर सन् 413 ई. में द्वितीय चंद्रगुप्त विक्रमादित्य का पुत्र कुमारगुप्त आरूढ़ हुआ। उस समय तक चीनी यात्री फाहियान भारत छोड़ चुका था। कुमारगुप्त ने नालंदा में बौद्ध धर्म की स्थापना के लिए एक विश्वविद्यालय की स्थापना की। मेरी पाटलिपुत्र नगरी

चंद्रगुप्त मौर्य (स्रोत : आशीष भटनागर-हिंदी विकिपीडिया)

में कुमारगुप्त के शासनकाल में प्रजा संतुष्ट तथा सुखमय जीवन व्यतीत कर रही थी।

मैंने देखा कि गुप्तों का शासनकाल लड़खड़ाता हुआ आठवीं सदी के मध्य तक चलता रहा। अर्थात् सम्राट् हर्षवर्धन के समय में और उसके बाद भी। चहुँओर अराजकता फैल गई थी। समाज में 'जिसकी लाठी उसकी भैंस वाली' स्थिति थी। धर्मपाल ने 769 ई.पू. में अपने पिता गोपाल के पश्चात् कार्यभार सँभाला। चालीस वर्षों के राज्यकाल में पालवंश ने पाटलिपुत्र को ही अपना केंद्र बनाया। अगले 300 वर्षों तक पालवंश ने राजनीतिक अस्त-व्यस्तता एवं युद्ध के सँभालने में ही समय बिताया। परंतु पालवंश ने बौद्ध धर्म के विकास और संरक्षण के लिए जो कार्य किया, वह चिरस्मरणीय है।

गुप्तकाल में कई विद्वान्, गणितज्ञ, व्याकरणाचार्य हुए जिन्होंने पाटलिपुत्र को स्मरणीय और अमर बनाने में योगदान किया। मेरी धरती पर जन्मे गणितज्ञ 'आर्यभट्ट' का नाम बड़े आदर के साथ लिया जाता है। ऐसा अनुमान है कि जब मैं कुसुमपुर के नाम से जाना जाता था, आर्यभट्ट का जन्म अनुमानतः 476 ई.पू. के आसपास हुआ। इनके जन्म का काल उनके ही रचित ग्रंथ से अनुमानित है। अपने ग्रंथ में आर्यभट्ट ने कई नवीन प्रेक्षण बतलाए तथा कुछ पुराने प्रेक्षणों का खंडन किया। आर्यभट्ट ने कहा कि पृथ्वी गोल है और अपनी धुरी पर घूमती है। उन्होंने चंद्र-ग्रहण, सूर्य-ग्रहण के कारणों का सही सिद्धांत प्रस्तुत किया। उन्होंने बताया कि ग्रहण का कारण राहु-केतु नहीं, बल्कि ग्रहण पृथ्वी और चंद्रमा की छाया के कारण लगते हैं। खगोल, तारेगना और तारेगना टॉप में ही आर्यभट्ट ने अपने खगोलीय अध्ययन किए। आज मेरे यहाँ इन तीनों स्थानों को जोड़कर एस्ट्रोटूरिज्म सर्किट विकसित किया जाना है।

फाहियान ने मेरे यहाँ यानी पाटलिपुत्र में तीन वर्ष रहकर संस्कृत सीखा। उसने लिखा कि उस नगर में दो 'विशाल और सुंदर' बौद्ध विहार थे, जिनमें से एक हीनयान और दूसरा महायान था। उसने अशोक के राजप्रासाद

आर्यभट्ट

(स्रोत : *https://en.m.wikipedia.org/wiki/History_of_Bihar#/media/File%3A2064_aryabhata-crp.jpg*)

को भी देखा, जिसकी सुंदरता और भव्यता से वह अति प्रभावित हुआ। मगध का राज्य संपन्न-समृद्ध था। पाटलिपुत्र के चिकित्सक सुविख्यात थे।

आर्यभट्ट ने बीजगणित (अलजबरा) की नींव रखी और ज्यामिति में बहुत प्रेक्षण किए। आर्यभट्ट ने बड़ी संख्याओं को अक्षरों द्वारा व्यक्त किया। 1874 ई. में लीडेन में कैर्न ने 'आर्यभटीय' को प्रकाशित किया इसमें गणित और खगोल से संबंधित आर्यभट्ट के सिद्धांतों का समावेश है। आर्यभट्ट का मूलग्रंथ उपलब्ध नहीं है। मेरी पवित्र धरती आर्यभट्ट जैसे महान् गणितज्ञ से विभूषित है। मैं गौरवान्वित हूँ।

पतंजलि—कुषाण काल में पाटलिपुत्र योगविद्या के प्रणेता पतंजलि अत्यंत प्रभावित था। बाह्य संवेदनाओं के प्रभावों को नियंत्रित करने के सिलसिले में किए गए प्रयास को उन्होंने योग बताया। हठयोग और प्राणायाम के संबंध की जानकारी पतंजलि ने दी। इन दोनों योग क्रियाओं को करने के लिए स्वस्थ्य फेफड़ों की जरूरत होती है। योगाभ्यास द्वारा भौतिक और मानसिक प्रक्रियाओं पर नियंत्रण रखा जा सकता है। आज भी पतंजलि की योग प्रक्रिया हमारे रग-रग को प्रेरणा दे रही है।

आचार्य पाणिनि व्याकरण के महाविद्वान्, महापद्मनंद के मित्र थे। इन्होंने पाटलिपुत्र में शिक्षा भी पाई थी। वर्ष 34 वर्ष वररुचिकन्यायन जैसे विद्वान् भी पाटलिपुत्र से जुड़े थे।

जैन तथा बौद्ध धर्म का धार्मिक, सामाजिक और आर्थिक प्रभाव

महावीर जैन धर्म के चौबीसवें तथा अंतिम तीर्थंकर थे। इनका जन्म 540 ई.पू. वैशाली के निकट कुंडग्राम में एक क्षत्रिय परिवार में हुआ था। उनकी माता जिराला लिच्छवी नरेश चंटक की बहन थी। उनके मामा चेतक की पुत्री चेलना का विवाह मगध के सम्राट् बिंबिसार के साथ हुआ था। इससे यह स्पष्ट है कि महावीर प्रतिष्ठित एवं समृद्ध क्षत्रिय घराने में जनमे थे।

बौद्ध धर्म के संस्थापक एवं प्रवर्तक गौतम बुद्ध थे तथा वे वर्धमान महावीर के समकालीन थे। 'वर्धमान' महावीर का बचपन का नाम था। बुद्ध

का जन्म 563 ई.पू. नेपाल के कपिलवस्तु के लुंबिनी ग्राम में एक राजवंशीय क्षत्रिय कुल में हुआ था।

महावीर तथा बुद्ध दोनों कुलीन परिवार में क्षत्रिय कुल में अवतरित हुए थे। मैं, पटना आपको बताना चाहता हूँ कि इन दोनों धर्मों के समाज पर क्या प्रभाव दिखे।

दोनों ही धर्मों ने अहिंसा तथा जीवन की पवित्रता का संदेश दिया। फलतः ब्राह्मणवाद, यज्ञ, बलि तथा धार्मिक कर्मकांड का विरोध हुआ। उन दिनों ब्राह्मणों और क्षत्रियों के बीच आपसी स्वार्थों के कारण संघर्ष होते थे। संघर्षों तथा कर्मकांडों को कम करने के लिए क्षत्रियों को प्राथमिकता मिली। ब्राह्मणों का स्थान गौण होने लगा था। निम्न जातियों के प्रति उदार दृष्टिकोण अपनाया। कर्म को प्रधानता दी। मानव की नियति कर्म से निर्धारित होती है। उच्च वर्ग का व्यक्ति भी निम्न कर्मों के कारण दुःख भोगता है। निम्न वर्ग का व्यक्ति सुकर्मों के कारण निर्वाण की प्राप्ति कर सकता है। दोनों ही धर्मों ने पुनर्जन्म, कर्म और निर्वाण के सिद्धांत को स्वीकारा।

दोनों धर्मों ने वेद की प्रामाणिकता को अस्वीकार किया तथा अहिंसा परमोधर्मः मानते हुए पशुबलि तथा यज्ञ का विरोध किया।

दोनों ही धर्मों ने व्यापार-व्यवसाय के प्रति समान दृष्टिकोण अपनाया। समुद्र यात्रा की स्वीकृति मिली तथा दान के रूप में प्रचुर धन स्वीकारा। फलतः नए व्यापारी वर्ग का उदय हुआ। व्यापार तथा मुद्रा के प्रयोग से कारोबार तथा सूदखोरी को बल मिला। कृषकों को कर्ज चुकाने की सलाह दी गई तथा खेती करने की प्रमुखता बढ़ी।

जातिप्रथा का दोनों ही धर्मों ने विरोध किया। जाति का निर्धारण कर्मों से होना चाहिए न कि जन्म से, इस पर बल दिया। दोनों ही धर्म देवी-देवता की पूजा-अर्चना पर मौन रहे। निम्न वर्गों को ज्ञान और शिक्षा का हकदार माना। निम्न जाति के लोग भी ज्ञान अर्जन कर गुरुपद को प्राप्त कर सकते थे। जातिप्रथा तथा अस्पृश्यता का विरोध दृढ़ता से किया। समाज में व्याप्त

दासों की दशा को सुधारने का प्रयास किया। जनसाधारण की भाषा को संस्कृत की जगह प्रचार का माध्यम बनाया।

जैन तथा बौद्ध धर्मों के प्रभाव से नई अर्थव्यवस्था उभरकर आई। ब्राह्मण धर्म आर्थिक परिवर्तन से भयभीत हो गया और जैन एवं बौद्ध धर्मों का विरोध करने लगा। समुद्र यात्रा और व्यापार को प्रोत्साहन मिलने से व्यापारी, व्यवसायी, उद्योगपति और वैश्यों के बीच ब्राह्मणों के वैदिक धर्म का प्रभाव घटने लगा तथा समाज में धर्म-परिवर्तन की ओर झुकाव बढ़ा। अतिविलासितापूर्ण जीवन कठोर तपस्या तथा अतिशारीरिक कष्ट का विरोध हुआ तथा साधारण जनता को बुद्ध का मार्ग सुलभ लगा।

आर्थिक स्थिति

जातक, पिटक और अन्य पाली साहित्य मेरी आर्थिक स्थिति पर प्रकाश डालते हैं। अधिकतर लोग गाँवों में निवास करते थे। गाँव के चारों तरफ खेत (ग्राम क्षेत्र) होते थे। खेतों में नालियों द्वारा पानी पटाने की व्यवस्था थी। अत: खेत छोटे-छोटे हिस्सों में बँटे होते थे। ग्राम-अर्थनीति जमीन के स्वतंत्र स्वत्व के आधार पर खड़ी थी। कृषक अपने खेत के मालिक थे। श्रमिकों एवं दासों से खेतों की बुवाई-जुताई का काम होता था। जीवन सादा और अकृत्रिम था।

मेरे यहाँ जनता का प्रमुख पेशा कृषि था, परंतु अन्य शिल्प भी पनप रहे थे, जैसे—गृह-निर्माण, चर्म-कर्म, धातु कर्म, मछली, मांस, आखेट, नृत्य, अभिनय आदि। मेरा मगध साम्राज्य आर्थिक विकास के पथ पर था।

रेशम, मलमल, कढ़े हुए वस्त्रों, कंबल, कवच, बरतन, सुवासित द्रव्य, हाथीदाँत और हाथीदाँत के काम, रतन, औषधियों आदि का व्यापार व्यवसाय कर सौदागर काफी धनोपार्जन करते थे। बाहरी देशों से व्यापारिक संबंध थे। क्रय-विक्रय में वस्तु-विनिमय की जगह सिक्कों का प्रयोग होने लगा था।

पाटलिपुत्र के उत्थान में हैयंक, शिशुनाग, नंद और मौर्य शासकों का

पर्याप्त संरक्षण मिला। साथ ही कृषि विकास, शिल्प विविधता, तकनीकी प्रगति, आवागमन के मार्गों, व्यापार, व्यवसाय की शुरुआत, धर्म, शैक्षणिक व्यवस्था का पूर्ण सहयोग रहा। नगरीकरण को उभारने में राजनीतिक, प्रशासनिक तथा धार्मिक, शैक्षणिक कारणों ने अपनी भूमिका बखूबी निभाई। हस्त-शिल्प और उद्योगों की शहरी अर्थव्यवस्था में मुख्य भूमिका थी। व्यापार और बाजार शहर के विकास में प्रमुख थे।

गणिकाओं की आय और संपत्ति पर गणिकाध्यक्ष नजर रखते थे। गणिकाओं को प्रतिमाह दो दिन की आमदनी कर के रूप में देनी पड़ती थी। मनोरंजन के क्षेत्र में नट-नर्तक, वादक, गवैए, जादूगर, चारण, रस्सी पर करतब दिखानेवाले, कथा बाचनेवालों की कमी नहीं थी।

यूनानी स्रोतों के अनुसार, पाटलिपुत्र किलेबंद शहर था। कौटिल्य ने अपने 'अर्थशास्त्र' में पाटलिपुत्र नगर को चारों ओर तीन परिखाओं—जल परिखा, पंक परिखा और सुख परिखा—से घिरा था बताया है।

कौटिल्य के अनुसार, कपास कताई-बुनाई, सोने-चाँदी आदि के उद्योग मुख्य रूप से शहरों में थे। दुग्ध उद्योग भी विकसित था।

मौर्यकाल में धातु उद्योग, अस्त्र-शस्त्र, भवन निर्माण वन-संपदा के उपयोग के कारखाने होते थे। शहर के कारखाने सरकार, राज्य के नियंत्रण में रहते थे। इन उद्योगों की देख-रेख के लिए समितियाँ गठित थीं। विभिन्न विभाग इन उद्योगों की देख-रेख करते थे। सामानों में मिलावट नहीं होती थी। शराब और मांस की बिक्री पर सुराध्यक्ष दृष्टि रखता था। यूनानी श्रोतों के अनुसार, प्रशासन वस्तु के मूल्य का 1/10 भाग कर के रूप में लेता था। किसानों को भी उत्पादन का एक हिस्सा कर के रूप में देना होता था। जल कर, भवन कर, सीमा-शुल्क, चुंगी, पथ कर, घाट कर तथा लाइसेंस देने से आय, नजराने, आयात-निर्यात कर आदि राज्य के आय-श्रोत थे। राजस्व विभाग का सर्वोच्च अधिकारी समाहर्ता होता था, जिसके अधीन शुल्काध्यक्ष, अन्य कर्मचारी थे। कोषाध्यक्ष कोष विभाग का मुख्य था। मौर्यकालीन वित्तीय व्यवस्था के कोषाध्यक्ष तथा शुल्काध्यक्ष सर्वोच्च अधिकारी थे।

मेरी धरती पर गुप्त साम्राज्य के उत्तरोत्तर विकास के साथ-साथ आर्थिक, सामाजिक, धार्मिक उन्नति भी हुई। समुद्रगुप्त, चंद्रगुप्त द्वितीय, कुमारगुप्त, स्कंदगुप्त जैसे शासकों ने केवल गुप्त साम्राज्य का ही विस्तार नहीं किया, बल्कि इसकी सुरक्षा के भी कठोर प्रयत्न प्रयास किए। स्कंदगुप्त की मृत्यु के साथ ही, विघटन एवं ह्रास की प्रवृत्तियाँ क्रियाशील होने लगीं। □

विदेशी यात्रियों एवं विद्वानों के आगमन

मेरी धरती पाटलिपुत्र पर प्राचीन काल से यात्रियों का आगमन होता रहा तथा उन्होंने तत्कालीन परिस्थितियों का वर्णन भी किया। इन यात्रियों में कुछ राजदूत, कुछ भ्रमणकर्ता, कुछ व्यापारी, कुछ विद्वान् तथा कुछ यहाँ की संस्कृति-सभ्यता की जिज्ञासा से शिक्षा ग्रहण करने आए। इनमें से मैंने कुछ के अनुभव प्रस्तुत किए हैं—

1. **मेगास्थनीज**—चंद्रगुप्त मौर्य के दरबार में 315 ई.पू. में सेल्यूकस का दूत बनकर आया तथा उसने अपने अनुभव अपनी रचना 'इंडिका' (मेगास्थनीज की पुस्तक) में प्रस्तुत किया। आज यह उपलब्ध नहीं है। इसमें पाटलिपुत्र नगर एवं प्रशासन का विस्तार में वर्णन किया गया है।
2. **डिमॉक्लिस**—बिंदुसार, चंद्रगुप्त का पुत्र एवं उत्तराधिकारी, के दरबार में यूनानी दूत के रूप में कार्यरत रहा। पाटलिपुत्र में वास के कारण यह पता चलता है कि यूनान और मगध के मैत्रीपूर्ण संबंध थे।
3. **फाहियान**—399 ई. में चीनी यात्री फाहियान बौद्धग्रंथों की खोज में भारत आया और 411 ई. तक यहाँ रहा। यात्रा के क्रम में वह पाटलिपुत्र में तीन वर्षों तक रहा। वह अशोक के राजप्रासाद की सुंदरता, भव्यता और विशालता को देख आश्चर्यचकित रह गया। उसने लिखा—मगध राज संपन्न-समृद्ध तो था ही, लोगों

का नैतिक जीवन उत्तम था। धर्म के प्रति लोगों की श्रद्धा थी। देवी-देवताओं को सुसज्जित कर रथों पर यात्रा निकाली जाती थी। प्रत्येक वर्ष साल के दूसरे महीने में बुद्ध और बोधिसत्त्वों की शोभा-यात्रा बीस रथों में सजाकर निकाली जाती थी। रोगियों के उपचार के लिए अस्पताल थे। यात्रियों को ठहरने के लिए विश्राम-गृह बने हुए थे। पाटलिपुत्र के कुशल चिकित्सक अन्य नगरों में रोगियों के उपचार के लिए जाते थे। नालंदा महाविहार की यात्रा भी की। राजगीर में गृद्धकूट पहाड़ी का दर्शन करते समय वह भावुक हो गया तथा उसके नेत्रों से अश्रु बहने लगे। उसने लिखा कि नगर में महायान और हीनयान के दो भव्य बौद्ध विहार थे, जहाँ 600 से 700 भिक्षु निवास करते थे। इनकी विद्वत्ता के कारण बाहरी देशों से लोग इनसे शिक्षा ग्रहण करने आते थे।

4. **ह्वेनसांग (युआन-च्वांग)**—हर्षवर्धन के समय ह्वेनसांग (युआन-च्वांग) चीनी यात्री (630-644 ई.) भारत आया। वह नालंदा महाविहार में कुछ काल रहा और यहाँ का विस्तृत वर्णन किया। उसने लिखा कि यह महाविहार उत्तरी भारत का मुख्य शिक्षा केंद्र था। उस समय इस महाविहार में 8,500 छात्र और 1,510 आचार्य थे। हर्ष ने इस महाविहार की देख-रेख में उदारतापूर्ण अनुदान दिए। यहाँ धर्म, व्याकरण, तर्कशास्त्र, चिकित्सा, साहित्य, विज्ञान के विषयों की शिक्षा दी जाती थी। विद्यालय में प्रवेश आसान नहीं था। द्वारपंडित से साक्षात्कार के उपरांत ही प्रवेश प्राप्त होता था। विदेशों से भी विद्वान् शिक्षा ग्रहण करने एवं विद्यादान के वास्ते आया करते थे।
5. **ई-त्सिंग**—दूसरा चीनी यात्री 673 ई. में भारत आया। उसने नालंदा महाविहार में शिक्षा ग्रहण की। उसके अनुसार, नालंदा महाविहार में उस समय 500 भिक्षु निवास करते थे। विक्रमशिला महाविहार की भी चर्चा की।

मेगास्थनीज (*'citytravelhub.com'* से साभार)

6. **धर्मास्वमिन्**—इस विद्वान् ने नालंदा महाविहार में शिक्षा ग्रहण की। उस समय तुर्कों के आक्रमण हो रहे थे, परंतु महाविहार सक्रिय था। इब्ने बख्तयार खिजली के आक्रमण (1197-98) में नालंदा महाविहार का विनाश नहीं हुआ था।
7. **मोहम्मद सादिक**—ईरानी यात्री 1619-20 ई. में अपने पिता के साथ पटना आया और कई वर्षों तक मेरी जमीन में रहा। उसने अपने वृत्तांत 'सुबहे-सादिक' में पटना शहर की सुंदरता एवं यहाँ के सुप्रसिद्ध विद्वानों की गौरवगाथा का वर्णन किया।
8. **मुल्ला बहबहानी**—यह ईरानी धर्माचार्य उन्नीसवीं सदी में बिहार आया। पटना नगर के धार्मिक, शैक्षिक और सांस्कृतिक जीवन का विस्तार से वर्णन किया। पटना नगर को 'जऊतुल हिंदू' या भारत का स्वर्ग कहा। राजकुमार अजीम द्वारा पाटलिपुत्र का अजीमाबाद नामकरण तथा नगर के नव-निर्माण का उल्लेख किया। पटना में निवास करनेवाले अंग्रेजों तथा ब्रिटिश सत्ता से उत्पन्न होनेवाले हानिकारक परिणामों की भी चर्चा बहबहानी ने की। सैफ खाँ के मदरसे का भी उल्लेख उनके यात्रा-वृत्तांत 'मीरतुल अहवालन्न' में मिलता है।
9. **रैल्फ फिच**—1585-87 के मध्य रैल्फ फिच ने मुगल साम्राज्य की लंदन से यात्रा की। पटना नगर का विस्तृत वर्णन किया। उसने यहाँ के बाजार, गली-कूचे, सड़कों आदि की चर्चा की है। पटना के अफीम, वस्त्र और चीनी उद्योगों के बारे में लिखा। पटनावासियों तथा महिलाओं में फैले अंधविश्वासपूर्ण आचरण के बारे में उल्लेख किया।
10. **पीटरमुंडी**—1628-34 तक पीटरमुंडी भारत में अंग्रेज व्यापारिक अधिकारी के रूप में रहा। 1632 में पटना आया तथा पटना नगर को एक महत्त्वपूर्ण व्यापारिक केंद्र बतलाया। सामंतों के रहन-सहन, मनोरंजन के साधनों के संबंध में उल्लेख किया।

अशोक के दरबार में 'फाहियान'
(स्रोत : 'en.m.wikipedia.org/unknown.pubic domain')

विशेष प्रकार की 'मयूरपंखी' कहलानेवाली, सुंदर लगनेवाली कश्तियों का वर्णन किया, जिनका प्रयोग सामंत लोग गंगा की सैर के वास्ते करते थे। पटना उस समय अंतरराष्ट्रीय व्यापार का केंद्र था। यहाँ पर मंगोल, ईरानी, अरमीनियाई व्यापारी बसे हुए थे। यहाँ पर सैफ खाँ द्वारा निर्मित सराय तथा जन-कल्याण संबंधी अन्य सुविधाओं का विस्तृत वर्णन किया।

11. **जॉन मार्शल**—जॉन मार्शल के पटना आगमन के वक्त भीषण अकाल की अवस्था थी। उसने लिखा कि अनाज महँगे हो गए थे। चावल चार या पाँच रुपए मन और गेहूँ ढाई रुपए मन बिक रहा था। निकटवर्ती क्षेत्रों में करीब 1.5 लाख लोग मृत्यु को प्राप्त हो चुके थे। वह पेशे से चिकित्सक था। उसने पटना नगर की बनावट, लोगों के रहन-सहन, चिकित्सकों, संगीतज्ञों, फकीरों तथा दरवेशों के बारे में लिखा।
12. **मैनरीक**—सत्रहवीं सदी के पूर्वार्ध में पटना आया तथा पटना की आबादी 2,00,000 (दो लाख) बताई। उसने लिखा कि नगर के लोग खुशहाल थे। 'पटना की भव्य इमारतों, मसजिदों, सरायों, मदरसों के बारे में लिखा। पटना को प्रमुख व्यापारिक केंद्र बतलाया। यहाँ के व्यापारी, सर्राफ लाखों का कारोबार करते थे। यहाँ के निर्मित सूती वस्त्रों का निर्यात ईरान और मध्य एशिया में होता था।
13. **तैवर्नीय**—1665-66 ई. में यह फ्रांसीसी यात्री पटना अया। उसने यहाँ की प्रशासनिक व्यवस्था, व्यापार की चर्चा की। उसकी मुलाकात अरमीनियाई व्यापारियों से हुई। पटना में डच, हॉलैंड निवासी, व्यापारियों द्वारा शोरे के व्यापार का उल्लेख किया। मनूची इटालियन यात्री ने भी शाहजहाँ के परवर्ती काल के समय के वाणिज्य-व्यापार की चर्चा की।
14. **विशप हीबर**—यह अंग्रेज पादरी 1824 ई. में गंगा नदी के मार्ग

ह्वेन सांग
(स्रोत : 'media.web.britannica.com/eb-media/00/143800-050-357CE202.jpg')

से राजमहल, पटना, दानापुर आदि जगहों की यात्रा की तथा कुछ काल तक निवास भी किया। पटना के ईसाई निवासियों, अंग्रेजों और अन्य यूरोपियनों के धार्मिक और सामाजिक जीवन के संबंध में विस्तृत चर्चा की।

कुछ अन्य यात्री बर्नीये, टिफेनलर, बॉबरी आदि ने भी मेरे क्षेत्र की यात्रा की। चीनी यात्रियों ने बौद्ध धर्म एवं शिक्षा संबंधी बातों पर अपना ध्यान केंद्रीभूत किया। यूरोपीय यात्रियों ने व्यापार और वाणिज्य संबंधित बातों पर जोर दिया। मेगास्थनीज ने प्रशासनिक व्यवस्था की चर्चा की। ईरानी यात्रियों ने बौद्धिक तथा सामाजिक परिस्थितियों में अभिरुचि दिखाई। इन यात्रियों द्वारा दिए गए विवरणों से उस समय के मिले-जुले ऐतिहासिक पहलुओं को समझने में सहायता अवश्य मिलती है।

□

पाटलिपुत्र का पतन

मैं अपने को सांत्वना देता रहा। गुप्तवंश के शासनकाल तक किसी तरह मेरी (पाटलिपुत्र) राजधानी के रूप में अस्मिता बची रही। गुप्तों का शासनकाल गिरता-पड़ता, लड़खड़ाता आठवीं सदी के मध्य तक चलता रहा, यानी सम्राट् हर्षवर्धन के राज्यकालपर्यन्त। मैं अपने को अकर्मण्य एवं अपाहिज महसूस कर रहा था। आशंका थी कि मेरा पाटलिपुत्र नाम कहीं लुप्त न हो जाए? चीनी यात्री ह्वेनसांग 637 ई. में पाटलिपुत्र आए। उन्होंने मुझे एक बड़ा गाँव बताया। मेरा बड़ा गाँव के रूप में अस्तित्व 16वीं शताब्दी तक बना रहा। इसी शताब्दी में शेरशाह ने मुझे अपना प्रशासनिक केंद्र बनाया और मैं (पाटलिपुत्र) एक बड़ा नगर हो गया। मेरी चर्चा यत्र-तत्र होती रही। सातवीं शताब्दी में मेरे पतन के कारण थे—विदेशी व्यापार में क्रमशः गिरावट, आर्थिक कठिनाई, स्थानीयकरण का वातावरण, आपसी युद्ध, फूट, कलह, नदियों का सूखना तथा जंगलों का कटना। मैं (पाटलिपुत्र) पूर्व गौरव से वंचित हो गया। पाटलिपुत्र का प्राचीन गौरव धूमिल हो चुका था। मेरी छवि उजड़ चुकी थी। मैं सिसक रहा था। इतिहास हमारी समृद्धि, धर्माचरण, अनुशासन का पुष्टि अवश्य करता है, परंतु मेरी अवनति, पतन, धूलमिश्रित धूमिल पटल के काल में एक प्रश्न उठा—"हम क्या थे? क्या हो गए? क्या होंगे?"

पटना (बिहार) के कवि सत्यनारायणजी द्वारा रचित काव्य की कुछ पंक्तियाँ मेरी विडंबना को इंगित कर रही हैं—

''नहीं, पाटलिपुत्र नहीं, हम, हम केवल कुम्हरार!
कैसे-कैसे दिन थे अपने, कैसी-कैसी रात!
दबी पड़ी है अवशेषों में बीते कल की बात।
खँडहर-खँडहर होकर हम, अब जीने को लाचार।''

विश्व इतिहास के पन्ने में भारतीय संस्कृति, सभ्यता, विद्या, कला, साहित्य, संगीत-नृत्य की जो अमर गाथाएँ अंकित हैं, उनका सबसे अधिक श्रेय प्रियदर्शी अशोक और उनकी राजधानी पाटलिपुत्र को जाता है। कुम्हरार के रूप में पाटलिपुत्र संकुचित हो चुका है। अशोक के पुत्र महेंद्र एवं पुत्री संघमित्र जिस दिन नदी के मार्ग से सिंहलद्वीप को रवाना हुए, उस दिन पाटलिपुत्र में वृहत् महोत्सव हुआ। संभवत: गंगा नदी के जिस घाट से वे लंका के लिए रवाना हुए, उसका नाम 'महेंद्रू घाट' पड़ा; जो आज महेंद्रू घाट, पटना के नाम से जाना जाता है। अशोक राजपथ आज भी उनका स्मरण दिला रहा है। एक मत यह भी है कि महेंद्रू साँची से लंका के लिए रवाना हुए थे।

चीनी पर्यटक ह्वेनसांग ने 638 ई. में पाटलिपुत्र में सैकड़ों खँडहर देखे। गंगा नदी के पास दीवारों से घिरे पाटलिपुत्र नगर में उसने केवल एक सहस्र मनुष्यों की आबादी ही पाई। उसने लिखा—पुरानी बस्ती को छोड़कर एक नई बस्ती बसाई गई है। 1953 में हुई खुदाई से पता चलता है कि मौर्य प्रासाद अग्नि की चपेट में फँस नष्ट हुआ। पाटलिपुत्र के सर्वनाश में बाढ़ प्रमुख कारण था ही, परंतु हूणों का आक्रमण भी मुख्य रूप से उत्तरदायी था। भगवान् बुद्ध की वाणी सच हुई। उनके तीन अभिशापों के मध्य पाटलिपुत्र बार-बार उजड़ता और बसता रहा।

□

अजीमाबाद

मुगलकाल में पटना अंग्रेजों का आगमन

मेरे नाम में समय-समय पर हेर-फेर होते रहे—कभी पाटलिपुत्र, कभी पटना, कभी अजीमाबाद और पुनः पटना। अवध और बंगाल के बीच का भाग 'बिहार सूबा' कहलाता था। मुगलकाल में इस सूबे का सूबेदार अजीम था, जिसका मुख्य कार्यालय अजीमाबाद था।

अजीमाबाद—अजीम औरंगजेब का प्रपौत्र एक वीर और कुशल योद्धा एवं शासक था ही, शौकीन-मिजाज भी था। 1704 में औरंगजेब ने उसे पटना की सूबेदारी, गवर्नरी सौंपी और अजीम पटना में रहने लगा। अजीम ने पटना का नाम अजीमाबाद रख दिया। वह पुराने पटना को नए ढंग से शाहजहाँबाद (दिल्ली) की तरह बना देने की मंशा रखता था। पेशे के नाम पर अजीम ने कई मुहल्लों का नाम रखा। उदाहरण-स्वरूप कंघी बनानीवाले का मुहल्ला कंघिया टोली, पान बेचनेवाली गली पानदारी, बकरी बेचनेवाला मुहल्ला बकरी हट्टा, नमक का बाजार नुनगोला के नाम से जाना जाने लगा। बुजुर्गों के नाम पर मेंहदीगंज, जाफरगंज, मारुफगंज और मंसूरगंज मुहल्लों का नाम पड़ा। अजीम अजीमाबाद को सुंदर बनाने में पूरी तरह व्यस्त था कि औरंगजेब की मृत्यु की खबर सुन दिल्ली चल पड़ा। अजीमाबाद को सजाने-सँवारने के वास्ते करोड़ों रुपए रखे थे, जिसे वह अपने साथ लेकर दिल्ली चला गया और फिर कभी नहीं लौटा। अजीमाबाद की बनावट अधूरी ही रह गई। मैं अपनी किस्मत पर रो रहा था।

छायाकार : के.एम. शर्मा

मैं पाटलिपुत्र राजधानी अजीमाबाद की चौखट पर खड़ा था। अजीमाबाद आठ मील लंबा और एक मील चौड़ा था। यहाँ की आबादी एक लाख थी। हिंदुओं की संख्या 5000 (पाँच हजार) तथा मुसलिमों की संख्या 20000 (बीस हजार) के करीब थी। इसकी पुष्टि सैयद अजी मुहम्मद शाह तारीख सूबा बिहार, पटना, अजीमाबाद, 1893, पृ. 9 से होती है। पूर्वी पटना आज भी पुराना शहर है और बड़े-बुजुर्ग इसे सिटी या अजीमाबाद के नाम से पुकारते हैं। अकबर के समय पटना 1574 ई. में भयंकर बाढ़ की चपेट में आ गया, जिससे काफी क्षति हो रही थी। 1621 में आलमगंज में आग लगी तथा अंग्रेजों द्वारा स्थापित कारखाने नष्ट हो गए। 1670-71 में पटना को पुनः सूखे का सामना करना पड़ा तथा बीमारी-भुखमरी फैल गई। पटना छोड़कर लोगों ने बंगाल का रुख लिया।

आज का ग्रैंडट्रंक रोड, जिसे 'सड़क-ए-आजम' भी कहते हैं, काफी पुराना है। तावनियर के अनुसार, यह आगरा-पटना-ढाका जानेवाली सड़क है। आगरा से फिरोजाबाद, इटावा होते हुए इलाहाबाद तक जाती है। इस सड़क के द्वारा ज्यादातर व्यापारी आते-जाते थे। मुगलकाल में सड़कें मुसलमानी काल में बने शहरों से होकर गुजरती थीं।

ख्वाजा अबुल करीम खाँ ने अपनी पुस्तक 'बयान-ए-बाकी' में पटना को अजीमाबाद के नाम से पुकारा है। शेरशाह के काल में अजीमाबाद को पटना के नाम से भी जाना जाने लगा। 'अजीमाबाद' प्रायः मुगलों के बीच ही ज्यादा प्रचलित था।

मैं 'पाटलिपुत्र' अब अजीमाबाद के नाम से जाना जाने लगा था। पाटलिपुत्र की वेश्याएँ अब अजीमाबाद की तवायफें कही जाने लगीं। मनोरंजन के प्रमुख साधन संगीत, नृत्य, गजल, मुजरा, कव्वाली आदि प्रसिद्ध थे।

अजीमाबाद के पश्चिम में, आज का चौहट्टा के सुनसान इलाकों में, तवायफों ने 1800 ई. के आसपास रहना प्रारंभ कर दिया। अजीमाबाद के शरीफ सम्माननीय लोग गुप्त रूप से यहाँ आने लगे। आज के खजांची रोड

के पास पूर्व में मुसल्लहपुर भट्ठी तक रोड के दक्षिणी हिस्सों में तवायफों ने अपना डेरा जमा लिया। आज का कुनकुन सिंह लेन और गुलाबबाग का इलाका रखैलों के लिए सुरक्षित था।

मैं अपनी गिरती हुई छवि को देख रहा था। मेरी मजबूती, दृढ़ता में ह्रास हो रहा था। अय्याशी, मौज-मस्ती, जुए-शराब से भरी रातों को देख सिसक रहा था। 1900 ई. के करीब चौहट्टा के आस-पास आबादी बढ़ने लगी। विदेशी व्यापारियों एवं सैनिकों के कारण यह इलाका तवायफों से भर चुका था, परंतु पटना कॉलेज एवं स्थानीय लोगों के विरोध के कारण 1935 के आस-पास इन तवायफों को पटना सिटी में पुनर्स्थापित किया गया।

मुगल साम्राज्य के पतन से मैं पूरी तरह वाकिफ था। पटना अठारहवीं सदी में बंगाल के नवाबों के नियंत्रण में आ चुका था। फिरंगी घुसपैठ करने लगे थे। अंग्रेज कम्पनी खोलने, व्यापार बढ़ाने के बहाने अपना पैर जमा चुके थे। पटना से सूती-वस्त्र, शोरा, जूट, अफीम का निर्यात यूरोप और एशिया के अन्य देशों में होता था। निर्यात की जानेवाली सभी वस्तुएँ मेरे आस-पास के इलाकों, गाँवों में पैदा की जाती थीं। नेपाली वस्तुओं की बिक्री मेरे (पटना) यहाँ के बाजारों में होती थीं। एक बड़ी सल्तनत टूट चुकी थी। औरंगजेब ने अपने पुरखों के काम को मिट्टी में मिला दिया। मैंने देखा कि हिंदुओं पर पुराना 'जजिया' कर लगा दिया, मंदिरों को तुड़वा दिया और अपनी प्रजा को रुष्ट कर दिया। वह धर्मांध और नीरस प्रकृति का राजा था। उसे कला और साहित्य से कोई प्रेम न था। उलटी चाल चलनेवाला राजा मैंने पहली बार देखा। मौजूदा जमाने को वह भली-भाँति समझ न पाया। काबुलियत उत्साह रहने के बावजूद उसकी राजनीति शिकस्त खा गई। भीतर ही भीतर अराजकता भी फैल गई।

अंग्रेजों का आगमन—पटना के नाम से आपके सम्मुख अपनी कहानी बयान करने में मैं अतिप्रसन्न हो रहा हूँ। जब कभी मैं अपनी छवि को धूमिल महसूस करता हूँ, तो इतिहास में अपनी पहचान अवश्य ढूँढ़ता हूँ। मुझे स्मरण हो रहा है कि अफगान शासक शेरशाह के शासनकाल में

अपने दरबार में अजीम (1697–1712)
(स्रोत : *'en.m.wikipedia.org/public domain'*)

(स्रोत : 'National Portrait Gallery, London')

(1504–1545) मैं प्राचीन पाटलिपुत्र से अपने परिवर्ती नाम 'पटना' से पुनः प्रकाश में आया। मैं राजनीतिक, व्यापारिक और सांस्कृतिक सुदृढ़ता का केंद्र बना। शेरशाह ने मुझे (पटना को) बिहार की राजधानी बनाया। मेरे वक्ष पर मजबूत दुर्ग का निर्माण कराया, जिसका जिक्र अब्दुल्लाह की कृति 'तारीख-ए- दाऊदी' में मिलता है।

मेरा नाम एक बार फिर बदल दिया गया, जब औरंगजेब के प्रपौत्र अजीम पटना का सूबेदार बना। उसने मेरा नाम पटना से बदलकर अजीमाबाद रख दिया। फर्रुखशियर पहला मुगल बादशाह था, जिसका राज्याभिषेक 1713 ई. में पटना में हुआ। मेरी गौरवगाथा का प्रमुख काल बौद्ध युग से प्रारंभ होकर मगध काल के सम्राटों के हाथों लहलहाते स्वर्णिम परचम मध्य मुखरित रही। ग्यारहवीं सदी में मैं पाटलिपुत्र एक महत्त्वपूर्ण स्थल था। तुर्कों के आक्रमण के उपरांत मेरा रहा-सहा महत्त्व भी समाप्त हो गया।

मैं पुनः अपने भाग्योदय का सपना देखने लगा, जो शेरशाह के

अब्दुल गफूर ब्रेशना निर्मित शेरशाह की तसवीर (स्रोत : 'en.wikipedia.org/wiki/Sher_Shah_Suri')

शासनकाल (1504-1545) में पूरा हुआ। शेरशाह के बाद अफगानों का आधिपत्य हो गया। परंतु अफगानों के अहंकारी आचरण के कारण मुगल बादशाह अकबर ने 1574 ई. में मगध (बिहार) आकर पटना पर अधिकार कर लिया। 1580 में बिहार को मुगल साम्राज्य का एक प्रांत घोषित कर दिया गया। राजा मानसिंह को बिहार का प्रांतपति नियुक्त किया गया, जिसने 1587 से 1594 ई. के दौरान यहाँ पर मुगल सत्ता को सुदृढ़ बनाया। मैं पाटलिपुत्र से पटना कहलाने लगा तथा मेरा अस्तित्व पुनः उभरकर आया। औरंगजेब की मृत्यु के पश्चात् 1711 ई. में फर्रुखशियर बंगाल से बिहार आया। फर्रुखशियर पहला मुगल बादशाह था, जिसका राज्याभिषेक पटना में हुआ। अलीवर्दी खाँ अजीमाबाद (पटना) में 1734 से 1740 ई. तक नवाब रहा। मेरे सुंदर नाम को 'पाटलिपुत्र' से 'पटना' में परिवर्तन का सिलसिला मुझे रुचिकर नहीं लग रहा था।

मैं बिहार क्षेत्र का प्रमुख रहा। मेरे क्षेत्र में सर्वप्रथम पुर्तगाली आए। वे व्यापार के वास्ते बंगाल से नाव द्वारा गंगा नदी से पटना तक आते थे। साथ में मसाले, चीनीमिट्टी के बरतन लाते थे, बदले में सूती वस्त्र ले जाते।

शासक बदलते रहे। सभी की नजर मेरे ऊपर रही। अब देखिए, अंग्रेजों की व्यापारनुमा राजनीति मेरे 'पटना' क्षेत्र में कैसे रंग लाई। सन् 1620 में पटना के आलमगंज इलाके में अंग्रेज व्यापारिक केंद्र की स्थापना के लिए प्रयत्नशील हुए, परंतु उन्हें वास्तविक सफलता 1651 में मिली। पटना की

धरती पर डच फैक्टरी की स्थापना 1632 में हुई। डचों की अभिरुचि वस्त्र, शोरे, अनाज की प्राप्ति में थी। अंग्रेज भी मेरे आलमगंज पटना सिटी इलाके से नील प्राप्ति हेतु सुर्खरू हुए। वर्तमान में पटना कॉलेज की उत्तरी इमारत ही डच फैक्टरी थी। अंग्रेजों की फैक्टरी वर्तमान में मेरे वक्ष पर स्थित गुलजारबाग की गवर्नमेंट प्रिंटिंग प्रेस थी।

मेरे पटना सिटी मुहल्ले में नेपाली कोठी के नाम से पहचानी जानेवाली 1774 में एक अन्य डेन लोगों की भी फैक्टरी थी। इस तरह मैं यूरोपियनों के व्यापारिक महत्त्व का केंद्र बन चुका था। मारूफगंज की मंडी, जिसे सम्राट् अशोक ने बनवाया था, वहाँ से देश-विदेश के व्यापारी मसाला खरीदने आते थे। वहाँ तक गंगा किनारे अंग्रेजों ने रेलवे लाइन बिछाई थी। आज भी यह देखने को मिलता है। गंगा तट पर बंदरगाह भी था। आज मारूफगंज पर शासन का ध्यान नहीं जाता है। 17वीं शताब्दी में तैवर्नीय फ्रांसीसी यात्री ने मेरा विवरण करते समय लिखा कि मैं 'पटना' मुगल साम्राज्य का दूसरा सबसे बड़ा नगर हूँ तथा उत्तरी भारत का सबसे बड़ा व्यापारिक केंद्र। लगभग इसी समय आए यात्री मैनरीक ने पटना की आबादी दो लाख बताई। एक अंग्रेजी यात्री जॉन मार्शल और पीटरमुंडी ने भी इसी काल में मेरी यानी पटना की समृद्धि एवं ऐश्वर्यपूर्ण जीवन की चर्चा की है। मैं खुश था कि मेरा महत्त्व किसी-न-किसी रूप में कायम रहा।

मेरी सत्ता कायम रही। मैं कई युद्धों, अत्याचारों, हिंसाओं, कुशासन, सुशासन, शक्ति, सुदृढ़ता, अनुशासन, अनुशासनहीनता, विशाल साम्राज्य की स्थापना से लेकर उसका टुकड़ों-टुकड़ों में विभाजन का साक्षी रहा। प्लासी का युद्ध 23 जून, 1757 को सिराजुद्दौला और ईस्ट इंडिया कंपनी के बीच हुआ, जिसमें अंग्रेजों की जीत से ईस्ट इंडिया कंपनी के पैर मजबूत हुए। 1761 में मीर कासिम मुर्शिदाबाद से भागकर अंग्रेजों की शरण में आया तथा उसका विधिवत् राज्याभिषेक मेरे यहाँ 'पटना' में ईस्ट इंडिया कंपनी के गोदाम में किया गया। बाद में मीर कासिम के स्वच्छंद आचरण से तंग

आकर अंग्रेजों ने उसे नवाब पद से हटाने का निर्णय लिया तथा 22 अक्तूबर, 1764 को युद्ध में पराजित कर दिया।

मेरी जमीन पर अंग्रेजों की फैक्टरी, 'पटना' के मुख्य अधिकारी सैमुयल मिडलटन को प्रशासन मंडली का सदस्य नियुक्त किया गया। 1769 ई. में टॉमस रंबोल्ड पटना फैक्टरी का मुख्य अधिकारी बना। इस अवधि में लगान वसूली का काम अति कठोरता से किया जाता था। लगान परिषद् का गठन 1770 ई. में 'रेवेन्यू काउंसिल ऑफ पटना' के नाम से हुआ, जिसका मुख्य काम लगान वसूल करना था।

ओपियम फैक्टरी

(स्रोत : ediblegeography.com/the-architecture-of-opium-production)

मेरी किस्मत देखिए, एक ओर लगान के रूप में वसूली की गई विधाएँ बनीं, दूसरी ओर 1783 ई. में बिहार (मगध) में भीषण अकाल पड़ा। फलतः 1784 ई. में मेरे यहाँ (पटना) अन्नागार के रूप में गोलघर का निर्माण हुआ। मैं अब पटना जिला का रूप ले चुका था। 1857 की क्रांति के उपरांत जमींदारों

को मिलाने वास्ते उन्हें उपाधियों, पुरस्कारों से सम्मानित किया जाने लगा। मैं देख रहा था कि हम भारतीयों में से कुछ अंग्रेजों की लालसा में फँस, नाम एवं उपाधि से ग्रस्त हो सत्ता के नजदीक रहना चाह रहे थे। मैंने देखा कि ब्रिटिश सत्ता को चुनौती देने को नील विद्रोह (1860-61), बहावी आंदोलन (1703-87), नोनिया विद्रोह (1770-1800), लोटा विद्रोह (1856 ई.), तमार विद्रोह (1789-94), चेरो विद्रोह (1800-02), 'हो' विद्रोह (1820-21), कोल विद्रोह (1831-32), भूमिज विद्रोह (1832-33), संथाल विद्रोह (1855-56) सरदारी लड़ाई और मुंडा विद्रोह (1858-95 और 1895-1901) आदि समय-समय पर होते रहे। इन विद्रोहों ने साफ जाहिर कर दिया कि वे अंग्रेजों का शासन मानने को तैयार नहीं। मैं मूक बना देखता रहा। ताना भगत आंदोलन की शुरुआत 21 अप्रैल, 1914 को हुई, जिसने अपने को राष्ट्रीय आंदोलन में समाहित कर लिया। 'सविनय अवज्ञा आंदोलन' और 'भारत छोड़ो आंदोलन' में आंदोलनकारियों ने बढ़-चढ़कर हिस्सा लिया। मदिरा त्याग के वास्ते धरने दिए गए।

मेरे यहाँ यानी पटना में मजहरुल हक के नेतृत्व में 16 दिसंबर, 1916 को होमरुल लीग की स्थापना हुई। 30 सितंबर, 1921 को मजहरुल हक ने सदाकत आश्रम, पटना से 'दि मदर लैंड' अखबार निकालना शुरू किया। मेरा प्रदेश 'बिहार' पूर्णरूप से राष्ट्रीय आंदोलन की धारा से जुड़ चुका था। 22 दिसंबर, 1921 को ब्रिटेन का युवराज का पटना में आगमन हुआ। उस दिन पूरे नगर में हड़ताल रही। 'असहयोग आंदोलन' के क्रम में फुलवारी शरीफ में मौलाना सज्जाद द्वारा इमारत-ए-शरीया नामक संस्था गठित हुई, जो आज भी सक्रिय है।

मैं खुश था कि स्वतंत्रता के इस आंदोलन में क्या हिंदू, क्या मुसलिम, क्या इसाई सभी का सहयोग था।

1923 ई. में श्री कृष्ण सिंह के नेतृत्व में स्वराज दल की शाखा का गठन हुआ। 12 जून को पटना में इसकी पहली बैठक हुई, परंतु 1925 तक यह दल अप्रभावी हो गया। साइमन कमीशन के बहिष्कार के वास्ते युवकों

को संगठित करने के लिए अनुग्रह नारायण सिन्हा के नेतृत्व में सर्वदलीय बैठक 1928 में बुलाई। 12 दिसंबर को आयोग के पटना आगमन पर काले झंडे दिखलाए गए, आयोग का बहिष्कार हुआ।

मैं क्या-क्या सुनाऊँ, मेरी काबिलियत नहीं। मेरी केंद्र के रूप में सर्वदा पहचान रही।। बिहार सोशलिस्ट पार्टी की औपचारिक बैठक मेरे यहाँ (पटना) के अंजुमन इस्लामिया हॉल में हुई, जिसके अध्यक्ष आचार्य नरेंद्रदेव तथा सचिव जयप्रकाश नारायण थे। 'भारत छोड़ो आंदोलन' में सोशलिस्ट पार्टी की महत्त्वपूर्ण भूमिका देख मैं पटना हर्ष से फूला नहीं समा रहा था। 'नमक सत्याग्रह' में आंदोलन का नेतृत्व भी पटना के जगत नारायण लाल तथा बिहार के अन्य जिलों जैसे सारण के गिरीश तिवारी, चंद्रिका सिंह, मुंगेर के श्री कृष्ण सिंह, मुजफ्फरपुर के रामदयालु सिंह आदि ने किया।

अब आ रही है 'सर्वज्ञ आंदोलन' की बात। मेरे (पटना) जिले में स्थित नखास पिंड को नमक कानून भंग करने के वास्ते चुना गया। 1930 के अप्रैल में पटना में 'नखास पिंड चलो' का नारा गूँज रहा था और मैं अपने को शीर्ष पर महसूस कर रहा था।

'भारत छोड़ो आंदोलन' को संगठित करने में मेरे प्रदेश के सीताराम केशरी, श्री कृष्ण सिंह, अनुग्रह बाबू, डॉ. राजेंद्र प्रसाद आदि की अहम भूमिका रही। विद्यार्थियों के एक समूह ने 11 अगस्त, 1942 को पटना में सचिवालय भवन के पूर्वी गेट पर राष्ट्रीय ध्वज फहरा दिया। तत्कालीन जिलाधिकारी डब्ल्यू. जी. आर्थर के आदेश पर छात्रों पर अंधाधुंध गोलियाँ चलीं एवं कई छात्र मारे गए। स्वतंत्रता-प्राप्ति के पश्चात् पटना के इसी स्थान पर शहीद स्मारक का निर्माण हुआ। मैंने महसूस किया कि 1942 के आंदोलन के क्रम में हिंसा, अत्याचार, पुलिस के दमन की कई तसवीरें उजागर हुईं। मैं असहाय बना इन दृश्यों को देखता रहा। मन-ही-मन पटनावासियों एवं भारतीयों के उत्थान एवं शांति की कामना करता रहा। आखिरकार, 20 फरवरी, 1945 को ब्रिटिश प्रधानमंत्री क्लीमेट एटली ने भारत को स्वाधीनता प्रदान करने का प्रस्ताव रखा। गांधी जी 5 मार्च, 1947 को बिहार यात्रा पर आए एवं शांति

और एकता का संदेश देते रहे। 14 मार्च, 1947 को माउंट बेटन भारत के वायसराय बने। आखिरकार 15 अगस्त, 1947 को भारत स्वतंत्र हो गया, परंतु पाकिस्तान एक अलग राष्ट्र बना। मैं बिहार की राजधानी पटना, भारत को दो टुकड़ों में बँटता देखता रहा। भीतर-ही-भीतर पीड़ा से कराहता रहा। वैसे तो मुझे राजधानी पटना के नाम का गौरव 1 अप्रैल, 1912 को प्राप्त हो गया था, जब बंगाल से 3 करोड़ 50 लाख की जनसंख्या वाला 1 लाख 13 हजार वर्गमील क्षेत्र अलग कर बिहार (उड़ीसा सहित) का नए प्रांत के रूप में विधिवत् उद्‌घाटन हुआ और पटना को इसकी राजधानी बनाया गया। इसकी घोषणा जॉर्ज पंचम की उपस्थिति में गवर्नर जनरल लॉर्ड हार्डिंग द्वारा की गई।

1 अप्रैल, 1936 को मेरे प्रदेश बिहार से अलग उड़ीसा प्रांत का गठन हुआ। पुनः 15 नवंबर, 2000 को बिहार के दक्षिणी भाग के 18 जिलों को अलग कर झारखंड नामक अलग राज्य की स्थापना हुई। मैं मूक बना देखता रहा। मेरा राज्य संकुचित होता रहा, सिमटता रहा। यह एक राजनीतिक प्रक्रिया थी। 2001 में जनगणना के अनुसार मेरे प्रदेश में 38 जिले बच गए।

विभिन्न पार्टियों, खासकर कांग्रेस, का बोलबाला रहा तथा मेरे प्रदेश में प्रथम मुख्यमंत्री श्री कृष्ण सिंह ने 30 मार्च, 1946 से 31 जनवरी, 1961 तक शासन भार सँभाला। कांग्रेस की छवि बिगड़ने लगी। अन्य पार्टियाँ सिर उठाने लगीं। प्रमुख रूप से कर्पूरी ठाकुर (1970 ई.), डॉ. जगन्नाथ मिश्र (1975-77), सत्येंद्र नारायण सिंह (मार्च 1989-दिसंबर 1989), लालू प्रसाद (1990-95), श्रीमती राबड़ी देवी (मार्च 1997-फरवरी 1997) तथा नीतीश कुमार (3 मार्च, 2000 से कार्यरत) को बिहार के मुख्यमंत्री पद पर आसीन होते देख रहा हूँ। मैं पटना बिहार की राजधानी बना रहा। साथ ही कुशासन और सुशासन का आनंद उठाता रहा।

2015 में पुनः नीतीश कुमार ने गद्‌दी सँभाली। उनकी महाजीत का श्रेय उनके रणनीतिकार रोहतास निवासी 37 वर्षीय प्रशांत किशोर को जाता है। वे मेरी दृष्टि में चाणक्य रूप में उभरे हैं।

बिहार की राजधानी पटना के उत्तर में गंगा नदी से गंडक नदी मिलकर अपने किनारों को जलोढ़ मिट्टी से भरकर एक समतल मैदान का रूप ले लेती है। गंगा नदी के प्रवाह क्षेत्र में दियारा भूमि दिखलाई पड़ती है। मैं आपको बता दूँ कि मेरे राज्य की जलवायु मानसूनी प्रकार की है। मई के महीने में सर्वाधिक तापमान रहता है। लू चलती है, गरम हवाएँ और आँधियाँ भी आती हैं। जून के मध्य में मानसून हवाओं के प्रभाव से वर्षा होती है तथा मध्य अक्तूबर बाद शरद् ऋतु के आगमन के उपरांत जाड़ा आ जाता है। मार्च में पुनः बसंत तथा क्रमशः ग्रीष्म का प्रभाव दिखता है।

जनगणना 2001 के अनुसार, 2008 में आई आपत्तियों के बाद अनुमानतः मेरे यानी पटना की जनसंख्या 14,32,000 है।

पटना जिला का मुख्यालय—पटना, पटना सदर, दानापुर, मसौढ़ी, पालीगंज, पटना सिटी तथा बाढ़ अनुमंडल हैं।

मेरे बिहार प्रदेश की साक्षरता की दर अनुमानतः 47 प्रतिशत है।

□

خ	ح	چ	ج	ث	ٹ	ت	پ	ب	ا
ख़े	बड़ी हे	चे	जीम	से	टे	ते	पे	बे	अलिफ़
khe	badi he	che	jim	se	ṭe	te	pe	be	alif

ض	ص	ش	س	ژ	ز	ڑ	ر	ذ	ڈ	د
ज़ुआद	सुआद	शीन	सीन	ज़्हे	ज़े	ड़े	रे	ज़ाल	डाल	दाल
zu'ād	su'ād	śin	sin	zhe	zay	arre	re	zāl	ḍāl	dāl

گ	ک	ق	ف	غ	ع	ظ	ط
गाफ़	काफ़	क़ाफ़	फ़े	ग़ैन	ऐन	ज़ो	तो
gāf	kāf	qāf	fe	ghain	'ain	zo	to

ے	ی	ء	ھ	ہ	و	ن	م	ل
बड़ी ये	छोटी ये	हमज़ा	दो चश्मी हे	छोटी हे	वाओ	नून	मीम	लाम
badī ye	choṭī ye	hamzā	do chaśmī he	choṭī he	vā'o	nūn	mīm	lām

٠	١	٢	٣	۴	۵	٦	۷	٨	٩
0	1	2	3	4	5	6	7	8	9

अब भी एक उम्र पे जीने का न अंदाज आया
जिन्दगी छोड़ दे पीछा मेरा मैं बाज आया

—शाद अजीमाबादी

अरबी, फारसी, उर्दू भाषा का बोलबाला, शेरो-शायरी, कविता का रंग, अजीमाबादी शायर

मेरी बदलती संस्कृति के नजारे कम दिलचस्प नहीं हैं। वाराणसी, दिल्ली और लखनऊ की भाँति प्राचीन पटना का शहरी जीवन काफी रंगमय था। रबड़ी-मलाई का प्रेम, खाने-पीने का शौक, इत्र-फुलेल लगाकर सज-धजकर टमटम-गाड़ियों पर चढ़, हर शाम किसी नवाब, जमींदार या रईसों की कोठियों में कवियों और शायरों की मजलिस का हिस्सा बन लुफ्त उठाना ही मानो उनकी जिंदगी थी। मेरे शहर की जिंदगी गंगा-जमुनी संस्कृति थी। क्या हिंदू, क्या मुसलमान सभी मिल-जुलकर एक-दूसरे के पर्व-त्योहार में शामिल हो रंगरलियाँ मनाते, गले मिलते, इत्र लगाते और गुलाब का पुष्प पेश करते तथा मेवे, फिरनी, पकवान खाते-पीते। आज वह दिन नहीं रहा। मेरे यहाँ की पुरानी महफिलें, सोहबतें, मेले-ठेले सभी बड़े आकर्षक, लुभावने और मोहनेवाले थे। भाषा की बदलती तसवीर बदलती संस्कृति का संकेत दे रही थी। भाषा किसी राजनीतिक दाँव-पेच की शिकार नहीं थी। उर्दू किसी संप्रदाय विशेष की भाषा नहीं थी। उर्दू पर हिंदू-मुसलमान दोनों का सम्मिलित अधिकार था। मेरे शहर का कोई ऐसा मुहल्ला न था, जहाँ अच्छे शायर, कवि और कलाकार मौजूद न हों। प्राचीन पटना के गिरे-पड़े, मकान-कोठियाँ, खँडहर बने ऊँचे-ऊँचे

महलनुमा बँगले, बगीचे आज भी चमक-दमक वाले गुजरे हुए जमाने की यादों को जीवंत करते हैं।

मेरे यहाँ के पुराने शायरों में मुल्ला मुहम्मद अजी 'तहकीक' की हस्ती बड़ी पुरानी है। वे शाहजहाँ के समय के चश्मदीद गवाह थे।

बेदिल अजीमाबाद का सन् 1643 ईसवी में पटना शहर में जन्म हुआ। 'तहकीक' साहब के बाद मेरे शहर में पैदा होनेवाले ये सबसे बड़े शायर थे। आप मिर्जा गालिब के उस्ताद थे। यह पटना शहर के लिए गौरव की बात थी। राजा रामनारायण 'मौजूँ' मुगलकाल में बिहार के सूबेदार तो थे, परंतु साहित्य, शेरो-शायरी की साधना में भी सराबोर रहते थे। दरगाह शाह 'अरजाँ' सूफी संत थे तथा हिंदू और मुसलमान दोनों ही द्वारा पूजित थे। 'नालाँ अजीमाबाद' पटना के मशहूर शायरों में गिने जाते हैं, जिनकी मृत्यु 1199 हिजरी में हुई। 'जानाँ देहलवी' के शागिर्द हैबत कुली खाँ 'हसरत अजीमाबाद' पटना के रहनेवाले थे, जिनकी मृत्यु 1210 हिजरी में हुई। पटना के जोशिश अजीमाबाद का नाम शेरो-शायरी में मशहूर था।

जसवंत राय नाग के पुत्र शेख मुहम्मद आदिल 'दिल' तथा इनके छोटे भाई मुहम्मद रोशन 'जोशिश' अजीमाबादी शायरों में गिने जाते हैं, जो मूलतः हिंदू थे। ये सभी शायर अपने नाम के आगे अजीमाबाद लगाते थे, क्योंकि मैं उस समय अजीमाबाद कहलाता था। 'शेरिश अजीमाबाद' ने शेरो-शायरी के अलावा शायरों के जीवन के इतिहास लिखने में भी योगदान दिया। उर्दू शायरों की कतार में 'बेदिल अजीमाबाद' के बाद उर्दू में कविता करने का सिलसिला चला। पटना के मानचित्र पर 'राशिख अजीमाबाद' नाम उल्लेखनीय है। इनकी रचनाओं में सूफी रंग चढ़ा हुआ था। पटना शहर के हालात पर उन्होंने 'शहर आशोब' नामक मसनवी लिखी, जो काफी चर्चित है।

शाद अजीमाबाद को गजल बादशाह के नाम से जाना जाता है। पटना में बसे इन्होंने शायरी को अरबी-फारसी के बोझिल शब्दों से हलका कर हिंदी जुबान में जन-मानस तक पहुँचाने के वास्ते भारतीयता का रंग भरा।

इन्होंने एक लाख से भी अधिक गजलें लिखीं। पटना में उनके व्यक्तित्व के अनुरूप सम्मान नहीं मिला। वे महान् राष्ट्रवादी और दार्शनिक कवि थे। उनका पूरा नाम खाँ बहादुर अली मोहम्मद 'शाद अजीमाबाद' था। इनके पूर्वज ईरान से पटना आए थे। विद्वानों और रईसों में उनकी गिनती थी। 'शाद अजीमाबाद' ने उर्दू में शीरी-फरहाद की जगह राधा-किशन तथा गंगा-यमुना नदियों का उर्दू शायरी में समावेश किया। 'शाद' का जन्म सन् 1846 में हाजीगंज मुहल्ला, पटना सिटी में अपने खानदानी घर में हुआ था। 9 जनवरी, 1929 को 81 वर्ष की उम्र में उर्दू साहित्य जगत् में हलचल पैदा कर पटना की धरती से विदा हो गए। इनका मुहल्ला पहले 'लंगर-गली' कहलाता था, क्योंकि वहाँ नवाबों, जमींदारों का लंगर लगा रहता था। बाद में अपभ्रंश हो यह मुहल्ला आज लंगूर-गली बन गया।

'शाद' का दीवान लोगों से भरा रहता था। रात-दिन शेरो-शायरी, खाना-पीना, चाय-पानी, इत्र-पान का दौर चलता रहता था। कहा जाता है कि मौलाना अबुल कलाम आजाद अपनी युवावस्था में इनकी मजलिस में शामिल होने आया करते थे। 'शाद' के अनेक शिष्य-शागिर्द हुए। 'शाद स्कूल' का नाम आज भी बड़े सम्मान के साथ लिया जाता है। 'शाद' के शागिर्दों में हमीद अजीमाबाद, सबा अजीमाबाद पटना सिटी के निवासी श्री देवी प्रसाद का नाम उल्लेखनीय है। 'शाद' के समकालीन नवाब अथिस साहेब सईद गुलजारबाग स्थित इमामबादी बेगम स्टेट से संबंधित थे, शायरी में एक हस्ती थे। पटना के शाह झब्बू साहब 'बिस्मिल अजीमाबादी' के नाम से प्रसिद्ध शायर थे। राम प्रसाद स्वतंत्रता की बलि-वेदी पर जान न्योछावर करने की प्रेरणा-स्रोत 'बिस्मिल अजीमाबादी' द्वारा लिखित पंक्तियाँ 'सरफरोशी की तमन्ना अब हमारे दिल में है, देखना है जोर कितना बाजुए कातिल में है' बनीं।

'हमीद अजीमाबाद' 'शाद' साहब के अनुयायी थे। 'शाद' पर तो भारत के अतिरिक्त पाकिस्तान, इंग्लैंड तथा अमेरिका में भी शोध हो रहे हैं। 'हमीद अजीमाबाद' स्वतंत्रता के बाद पाकिस्तान चले गए। पाकिस्तान

उन्हें नहीं भाया। पुनः पटना आए और बीमार पड़ गए तथा इनका देहांत हो गया। इन्हें पाकिस्तान ने 'मुजाहिर' करार दिया। अन्य भारतीय जो भी पाकिस्तान गए, उन्हें मुजाहिर कहा जाता था।

पटना के एक अरबी-फारसी तथा संस्कृत के विद्वान् तथा उर्दू के शायर डॉ. अजीमुद्दीन अहमद 'अजीम' का नाम बड़े आदर से लिया जाता है। सन् 1857 की क्रांति में भाग लेने के कारण इनके सादिकपुर (पटना सिटी) मुहल्ले में आग लगा दी गई, घर-मकान जलकर खाक हो गए। ये अपने नाना के घर खाजेकलाँ में आकर रहने लगे। इनके नाना अब्दुल हमीद साहब नामी हकीम थे।

पटना के प्रौढ़ शायरों में जार अजीमाबादी का नाम प्रमुख है। मुगपुरा के रहनेवाले थे। इनका जन्म 1896 में तथा मृत्यु सड़क दुर्घटना में 1963 में पटना सिटी कोर्ट के पास हो गई। अंतिम समय बड़ी कठिनाइयों का था। एक बार 'जार' साहब को हृदय आघात हुआ तो डॉ. श्रीनिवास ने इनका इलाज किया। वे भी इनके संपर्क में आए, क्योंकि वे साहित्य-प्रेमी तथा शेरो-शायरी व कविता में दिलचस्पी रखते थे। डॉ. साहब ने इनकी देख-रेख में शायर 'जार' साहब की पक्की मजार बनवा दी, जो मुहल्ला नौढाल पटना सिटी के कब्रिस्तान में है।

मैं गर्व से कह सकता हूँ कि उर्दू गद्य-पद्य दोनों ही क्षेत्रों में मेरा योगदान भरपूर था। उस समय मेरे यहाँ की बोलचाल की भाषा उर्दू थी। मैं विद्वानों, देशभक्तों, साहित्यकारों का प्रमुख केंद्र था। मेरे (पटना) जिले के नवाब इमदाद 'असर' नेउरा के रहनेवाले थे। इन्होंने पश्चिमी दर्शन एवं दार्शनिकों के संबंध में उर्दू भाषा में पहली पुस्तक लिखी।

मेरे यहाँ के आलम अजी 'अजीमाबादी' ने 'जुब्जातुअल खयाल' सोलह खंडों में लिखकर उर्दू जगत् में तहलका मचा दिया।

मेरे यहाँ उन्नीसवीं शताब्दी की उर्दू भाषा की विदुषियों तथा शायराओं में बीबी रौशन, बीबा तनेरा, मेहरुन्निसा 'मोहिर' तथा बीबा बलइया का नाम लिया जा सकता है।

उन्नीसवीं सदी के उत्तरार्ध तथा बीसवीं सदी के पूर्वार्ध काल के प्रमुख शायर

राजा प्यारे लाल 'उल्फती, मुंशी बसावन लाल बेदार, लाला रामचंद्र 'फरहत', मुंशी धरमलाल 'धरम', लाला खूबलाल 'मुख्तार', बाबू हरिहर चरण 'अजीमाबाद नसीम', राय बैजनाथ प्रसाद 'गनीमत', राय दुर्गाप्रसाद 'अजीमाबादी', लाला अनंतराम 'अजीमाबाद', मुंशी मनुला 'बिस्मिल', शिवनारायण चौधरी 'आरिफ', राय ईश्वरी प्रसाद 'अता', प्रियालाल 'फितरती' आदि। इनमें से अधिकतर 'शाद' के अनुयायी थे।

□

पटना-कलम शैली

पटना-कलम शैली (चित्रकला)

मैं आपको बता दूँ कि उन्नीसवीं शताब्दी को पटना-कलम या शैली का अभ्युदय काल माना जा सकता है। वैसे तो मैं अठारहवीं शताब्दी से ही कांगड़ा और राजस्थान की तरह चित्रकला का केंद्र था। चित्रकारों की अपनी-अपनी एक शैली थी, एक कलम थी। कई प्रसिद्ध चित्रकारों के हाथों में पड़कर अनेक विधाएँ प्रस्तुत कीं। मैं देख रहा था कि मुगल साम्राज्य गिरता-पड़ता किसी तरह साँस ले रहा था, क्योंकि नादिरशाह का भारत पर आक्रमण हो चुका था। फलतः मुगलकालीन चित्रकार दिल्ली छोड़कर इधर-उधर पनाह ले रहे थे। इसी बीच 1750-60 के मध्य मुर्शिदाबाद से चित्रकारों का एक समूह मेरी धरती पर (पटना) आकर बस गया। देखादेखी अन्य चित्रकारों ने भी मेरे यहाँ शरण ली, क्योंकि मैं गंगा तट पर स्थित होने के कारण व्यापार के केंद्र के रूप में प्रसिद्ध था। फलतः मैं मुर्शिदाबाद के चित्रकारों को आकर्षित कर सका। साथ ही अंग्रेजों ने अपने पैर जमा लिये थे तथा नील, शोरा, अफीम के व्यापार का मैं प्रमुख केंद्र बन चुका था। अंग्रेजों ने मेरे सामाजिक परिवेश, प्राकृतिक दृश्य, पशु-पक्षी में दिलचस्पी दिखाई। सैकड़ों चित्र तैयार किए गए जिन्हें अंग्रेजों ने अपने सगे-संबंधियों को 'विलायत' भेजे। फलतः चित्रकारों को बल मिला। विलायत की चित्रशालाओं में पटना के चित्रकारों द्वारा बनाए गए चित्र संग्रहालयों में सँजोए हुए हैं। कई चित्र तो अंग्रेज अफसरों के परिवार के हैं। पटना-कलम के सैकड़ों चित्र पटना के संग्रहालय तथा शहर के प्राचीन घरानों में संगृहीत हैं।

अंग्रेजों की फर्माइश पर आँके गए चित्रों में अंग्रेजी चित्र-शैली को चित्रकारी की नींव मानी जाती है। मुगलों के काल में चित्रों में सोने-चाँदी के रंगों का प्रयोग होता था। आधुनिक अंग्रेजों के समय से पटना चित्रकला में तेज और गहरे रंगों का प्रयोग होने लगा। रंग पत्थर, घास, फल-फूल एवं पेड़ों की छाल से तैयार किए जाने लगे। पटना की चित्र-शैली दोनों (मुगलों और अंग्रेजों) की सम्मिलित शैली है।

मेरे यहाँ के राजा-महाराजा, जमींदार, धनी-मानी साहूकार-सेठों को भी चित्रकारी का शौक था। इनके आदेश पर पटना के चित्रकारों ने इनके पूर्वजों के चित्र बनाए। शादी-ब्याह एवं उत्सवों, प्राकृतिक छटाओं, पशु-पक्षियों के भी अनेक चित्र बनाए। उन्हें रंगों से सजाया। अबरक के पत्तरों पर चित्रांकन किए जाते थे, जो अति सुंदर और आकर्षक प्रतीत होते थे। मेरे यहाँ के चित्रकारों को प्रमुख राजा-महाराजा, जमींदार, धनी-मानी व्यक्तियों से संरक्षण प्राप्त था ताकि वे अपना भरण-पोषण कर सकें। मैं अपने यहाँ की चित्रकारिता को फलते-फूलते देख अति पुलकित हो रहा था। मैं कुछ प्रमुख चित्रकारों की निपुणता की ओर आपका ध्यान खींचना चाहता हूँ। मेरे यहाँ प्रमुख चित्रकारों में पहला नाम सेवक राम का लिया जा सकता है। इनके बनाए चित्र कलकत्ता के आर्ट स्कूल के संग्रहालय में रखे हुए हैं। श्री ईश्वरी प्रसाद तथा इनके पितामह शिवलाल (1850) पटना के प्रसिद्ध चित्रकारों में थे। मेरी दृष्टि में पटना-शैली में (पटना-कलम) तीन प्रकार के चित्र बनाए जाते थे—व्यक्ति विशेष के, विवाह, पर्व-त्योहार और उत्सवों से संबंधित एवं पशु-पक्षी, जीव-जंतुओं के। सन् 1880 में चित्रकार शिवलाल के देहांत के बाद इस शैली की चित्रकला का अंत हो गया।

पटना-कलम (शैली) के चित्रों की संप्रति पटना कला महाविद्यालय, पटना संग्रहालय तथा कलकत्ता संग्रहालय एवं विदेशों में उपलब्ध हैं, संगृहीत हैं।

पटना-कलम (शैली) के प्रमुख चित्रकार हैं—सेवक राम (1770-18 30), ईश्वरी प्रसाद वर्मा, शिवलाल (1850) गोपाल लाल, कन्हैया लाल,

जयगोन्नवद लाल, बहादुर लाल, दक्षो बीबी, सोना कुमारी, यमुना प्रसाद, जयराम दास, गोपाल चंद, दल्लूलाल, बेनीलाल, रामेश्वर प्रसाद आदि।

पटना की इस चित्रशैली को पुरुषों की चित्रशैली कहा जाता है। इनमें अधिकांश चित्रकारों की शिक्षा-दीक्षा शिवलाल की चित्रशाला में हुई। मेरे यहाँ के इन चित्रकारों की विशेषता थी कि इन्होंने अपने को राजाओं, पौराणिक कथाओं के चित्रांकन तक सीमित नहीं रखा, बल्कि आम जनता तथा उनके वास्तविक जीवन की भी झाँकियाँ प्रस्तुत कीं। श्रमिकों के जीवन को भी चित्रों में उतारा। बढ़ई, लोहार, सोनार, नौकरानी, दर्जी, टोकरी बनानेवाले, चमार, मछली व्यापारी सभी को अपनी चित्रशैली में स्थान दिया एवं जानवरों की मदद से सवारी करनेवालों को भी चित्रित किया। अंग्रेजों ने उन्नीसवीं शताब्दी में भारतीय चित्रकारों से रंगीन चित्र बनवाकर विदेशों में ब्रिटिश शासन का महत्त्व जताया तथा वहाँ की जनता की सहानुभूति हासिल की। 1858 के बाद भारतीय चित्रकला से अंग्रेजों का ध्यान हटने लगा। 1870 में कैमरे द्वारा तसवीर खींची जाने लगी और भारतीय कलाकारों में अंग्रेजों की रुचि समाप्त हो गई। मुझे पुनः आघात पहुँचा। मेरे चित्रकारों की उभरती छवि को नकारा गया।

मेरे आधुनिक परिवेश में मधुबनी चित्रकला के दो प्रकार होते हैं— भित्ति और अरिपन। भित्ति चित्रकला के चित्र धार्मिक महत्त्व के होते हैं तो दूसरे प्रकार के रंगोली या अरिपन चित्र आँगन या चौखट के सामने कूटे हुए चावल तथा रंगों के सम्मिश्रण से बनाए जाते हैं। इस चित्रशैली को महिलाओं की शैली भी कहा जाता है। लोकगाथाओं पर आधारित मंजूषा चित्रशैली, साँझी कला या रंगोली पटना तथा मिथिला में अल्पना या अरिपन या रंगोली के नाम से प्रचलित है।

चंका पेंटिंग के 109 चित्र पटना संग्रहालय में संगृहीत हैं। यह बौद्ध शैली की चित्रशैली जातककथाओं, बुद्ध एवं तिब्बती संतों के जीवन को चित्रित करती है। इन चित्रों में रंगों का उत्तम संयोजन होता है।

31 जुलाई, 2015 को आर्ट कॉलेज, पटना में 'पटना-कलम इंडो-

ब्रिटिश पेंटिंग' शीर्षक डॉक्यूमेंट्री फिल्म का प्रदर्शन हुआ, साथ ही 'पटना-कलम' पर चर्चा भी हुई। मुख्य अतिथि श्याम शर्मा ने कहा कि उस काल का यथार्थ आज हमारे लिए विरासत है। लेकिन दु:ख की बात यह है कि हमारी सामाजिक विरासत को सँजोनेवाली पटना-कलम आज खुद विरासत में शुमार हो गई है।

1760 से 1960 तक 'पटना-कलम' का समृद्ध वृहद् काल रहा। साठ के दशक में पटना-कलम के आखिरी चित्रकार श्री ईश्वरी प्रसाद वर्मा के निधन के साथ ही 'पटना-कलम' कहीं खो गई। (दैनिक जागरण, 31 जुलाई, 2015, शुक्रवार)

भारतीय चित्रकला में पटना शैली

जयंती स्मारक ग्रंथ में श्री राधा मोहन (पूर्व प्रिंसीपल, पटना स्कूल ऑफ आर्ट्स) ने भारतीय चित्रकला में पटना शैली की विस्तृत चर्चा की है। बौद्ध धर्म के विकास के साथ-साथ चित्रकला के इतिहास में एक नया अध्याय जुड़ा। मौर्यकाल में बौद्ध धर्म को राजधर्म का गौरव प्राप्त हुआ, जिसमें चित्रकला और मूर्तिकला का एक विशेष रूप निर्धारित हो गया, जिस पर धार्मिकता की छाप थी। मौर्यवंशी राजाओं की राजधानी पाटलिपुत्र होने के कारण यहीं से विचारों का स्रोत प्रारंभ होता था तथा अन्यान्य केंद्रों के लिए शिल्पी भेजे जाते थे। मेरी धरती से अन्य क्षेत्रों में शिल्पियों द्वारा गौतम बुद्ध की जीवनी, उनके उपदेश, उनके पूर्व जन्म की गाथाओं तथा कृतियों से संबंध रखनेवाले दृश्य, मंदिरों तथा स्तूपों की भित्तियों में खोदकर अंकित किए जाते थे। सातवीं शताब्दी में बौद्ध धर्म के ह्रास के साथ-साथ चित्रकला का भी विकास रुका।

सोलहवीं और सत्रहवीं शताब्दी में मुगल साम्राज्य की स्थापना के साथ चित्रकला में अनुराग पुनः जाग गया। हुमायूँ का फारस में जाना भारत के लिए वरदान सिद्ध हुआ। फारस की कलम से यहाँ के विषय अंकित किए जाने लगे। भारत में फारसी शैली के भी कई उपभेद हुए, जैसे—लखनऊ शैली, दक्षिणात्य शैली, वंगी शैली, पटना शैली।

शाहजहाँ का स्थापत्य-कलानुराग प्रख्यात है। पटना की कलम शैली, दिल्ली और लखनऊ की शैली की अनुवर्तिनी रही। विदेशी प्रणाली का भी प्रभाव पटना शैली पर पड़ा। यद्यपि पटना शैली के चित्र अपनी आदर्श व्यवस्था तथा रचना प्रणाली में अपना स्थान बनाए रहे, परंतु विदेशी कला के संपर्क से उनका रूप विकृत हो गया। पटना-स्कूल चित्रांकन पद्धति में विषयों के मूल में राज-दरबार से संबंधित घटनाएँ तथा दृश्य हुआ करते थे। किंतु पटना शैली के चित्रकार दैनिक जीवन की साधारण घटनाओं पर अपनी तूलिका चलाते थे। पालकी ढोनेवाले कहार, चर्मकार, ढोलक बनानेवाले, मक्खन की दुकान, पाकशाला, शराब की भट्ठी तथा उन पक्षियों के चित्र अंकित किए जाते थे, जो हमारे यहाँ ज्यादा पाए जाते थे।

राजकीय आश्रय की उदासीनता के कारण कला का ह्रास होने लगा। शिल्पियों का झुंड जीविकोपार्जन के वास्ते यत्र-तत्र घूमने लगा। बिहार के पटना, दानापुर तथा आरा में कुछ बसे। पटना सिटी के लोदी कटरा और मोगलपुरा मुहल्ले में इनकी घनी बस्ती थी। समय का चक्र प्रतिकूल था। कलाकारों की संख्या में ह्रास होता गया तथा कला बेचारी अंतिम साँस लेने लगी। प्रो. ईश्वरी प्रसाद को पटना स्कूल का सच्चा कलाकार कहा जा सकता है।

प्रो. ईश्वरी प्रसाद (1887-1949) का जन्म लोदी कटरा, पटना सिटी, पटना में हुआ था। आपने अपने पितामह शिवलालजी से चित्रकला की शिक्षा ग्रहण की। गवर्नमेंट स्कूल ऑफ आर्ट्स एवं क्राफ्ट्स, कलकत्ता में लघु चित्रकला के विशेषज्ञ, अध्यापक एवं उपप्राचार्य के पद पर कार्यरत रहे। पर्दानशीन, चाइल्ड इन वर्ल्ड, भारत माता, मीर अमीर जान साहब आदि चित्र उल्लेखनीय हैं। हाथीदाँत एवं अबरक की परतों पर कुशल चित्रकारी करने में माहिर अंतिम चित्रकार थे। यूरोपीय कला के आधार पर बड़े तैल चित्रों का निर्माण किया। कंपनी शैली की परंपरा की शुरुआत प्रो. ईश्वरी प्रसाद ने की। इनका देहांत 9 जून, 1949 को महेंद्रू पटना में हुआ।

पटना-कलम के महत्त्वपूर्ण चित्रकारों में पहला नाम सेवकराम

(1770–1830) का है। पटना शैली के अंतिम प्रतिनिधि ईश्वरी प्रसाद (1887–1949) को माना जा सकता है।

वर्तमान समय में अंतरराष्ट्रीय ख्यातिप्राप्त दमोदर अष्टक को गिने–चुने शिल्पकारों में माना जाता है। शहीद स्मारक एवं बिहार कला महाविद्यालय के निर्माण से जुड़े थे। इन्हें मूर्तिकला एवं चित्रकला दोनों में ही दक्षता प्राप्त थी तथा सरकार के इस्टीट्यूट ऑफ डिजाइन डेवलपमेंट के क्षेत्रीय निदेशक के रूप में भी कार्य किया। कला एवं शिल्प के क्षेत्र में रजत कुमार घोष, जिनका जन्म 1950 ई. पटना में हुआ, को अनदेखा नहीं किया जा सकता। इन्हें ललित कला अकादमी, दिल्ली, शिल्पकला परिषद्, पटना से सम्मानित भी किया गया।

मिलनदास की शिक्षा पटना के कला एवं शिल्प महाविद्यालय से हुई तथा आरा के कला एवं शिल्प महाविद्यालय में अध्यापक के पद पर कार्य किया। इन्हें 'नेशनल एकेडमी अवार्ड' से सम्मानित भी किया गया।

वर्तमान में पटना के सुबोध गुप्ता की चित्रकारी को अंतरराष्ट्रीय ख्याति प्राप्त है। उनके चित्रों में यथार्थ जीवन की झलक मिलती है। पटना की महिला चित्रकारों में उभरती चित्रकार शोभना सिंह को अनदेखा नहीं किया जा सकता। प्रकृति एवं देवी–देवताओं के चित्रों को चित्रित करने में दक्ष हैं।

□

जानकी वल्लभ शास्त्री

रामधारी सिंह दिनकर

शिवपूजन सहाय

आचार्य रामलोचन शरण

गोपाल सिंह नेपाली

रामवृक्ष बेनीपुरी

विक्रम सेठ

पटना साहित्य-शायर-साहित्यकार एवं पत्र-पत्रिकाएँ

मौर्यकालीन साहित्य पर दृष्टि डालने पर यह स्पष्ट होता है कि उस समय संस्कृत, प्राकृत और पाली भाषा प्रचलित थी। मौर्यों के समय के साहित्य अध्ययन बतलाते हैं कि 'चाणक्य' ने 'अर्थशास्त्र' की रचना की। चाणक्य की कृति 'अर्थशास्त्र' जैसा कि इस पुस्तक के नाम से विदित होता है कि इसमें मौर्यकाल की राजकीय शासन-व्यवस्था का विस्तृत वर्णन है। प्राकृत लेखक 'भद्रबाहु', जो जैन धर्म के अनुयायी थे, का नाम उल्लेखनीय है। चंद्रगुप्त मौर्य के राज्यकाल में पाटलिपुत्र में रहकर भद्रबाहु ने लिखा-पढ़ा। पाटलिपुत्र में अकाल पड़ने के समय इन्होंने राज्य छोड़ दिया और दक्षिण में समाधि अवस्था में ही उन्हें निर्वाण की प्राप्ति हुई। भद्रबाहु की मुख्य कृति 'कल्पसूत्र' है। पाली भाषा में 'बौद्धिक कथा-वस्तु' मौडगालिपुत्र तिष्य (Maudgaliputra Tishya) द्वारा अशोक काल में लिखी गई।

चंद्रगुप्त मौर्य काल में मेरी जमीन पाटलिपुत्र पर हिंदू दर्शन के विशेषज्ञ वात्स्यायन ने 'कामसूत्र' नामक पुस्तक की रचना की।

पटना साहित्य—मेरी सभ्यता और संस्कृति अति प्राचीन है। साथ ही मैं, जब पाटलिपुत्र के नाम से जाना जाता था, उस समय से ही कला-कौशल तथा विद्याध्ययन, पठन-पाठन का पुराना गढ़ रहा हूँ। संस्कृत-साहित्य तो मेरी अमूल्य निधि है ही, साथ ही हिंदी, उर्दू, अरबी, फारसी के क्षेत्र में मेरा कम योगदान नहीं। मुगलों के काल में अरबी, उर्दू, फारसी भाषा की समृद्धि

में पाटलिपुत्र, जो कि उस समय 'अजीमाबाद' के नाम में तब्दील हो चुका था, का योगदान अमूल्य है। साथ ही भाषा-साहित्य सभी में परिवर्तन लक्षित होने लगे, क्योंकि मेरा अस्तित्व कायम था तथा संस्कृति अत्यंत प्राचीन। अठारहवीं सदी में मैं अरबी-फारसी शिक्षा का प्रमुख केंद्र बन चुका था। फलतः मैं 'मदीना-उल-इल्म' के नाम से अधिक प्रसिद्ध हो गया। यहाँ देश के विभिन्न हिस्सों तथा विदेशों से भी काफी संख्या में विद्यार्थी विद्याध्ययन करने आते थे। यह क्रम उन्नीसवीं सदी तक चलता रहा।

अठारहवीं शताब्दी में अंग्रेजों ने राजकाज की भाषा फारसी को ही बरकरार रखा। चाहे हिंदू हो या मुसलमान, नौकरी पाने के लिए फारसी सीखना अनिवार्य था।

'मदरसा मजीविया' जो खानेखाह फुलवारीशरीफ में स्थित था एवं पटना सिटी का 'सैफ खाँ की मसजिद का मदरसा' अरबी-फारसी एवं इसलामी विधा का केंद्र था। इन दोनों मदरसों ने आस-पड़ोस के छात्रों और विद्वानों का ध्यान अपनी ओर आकर्षित किया। राजा राममोहन राय अरबी-फारसी के अपने ज्ञान को समृद्ध करने के उद्देश्य से आए तथा पटना सिटी के मदरसा (सैफ खाँ की मसजिद, झाऊगंज) में लगभग छह महीने रहकर विद्यार्जन किया।

यह थी मेरी बदलती तसवीर। मेरे माहौल पर पूरी तरह मुगलकालीन छाप पड़ चुकी थी। भाषा को लेकर कोई विवाद नहीं था। हिंदू और मुसलमान निर्द्वंद्वभाव से शेरो-शायरी, कविताएँ एवं भक्ति-गीत लिख रहे थे। दोनों कौमों की मिल्लत देख मैं खुशी से झूम रहा था। पटना के महाराजा खिताब राय के पुत्र महाराजा कल्याण सिंह 'आशिक' जाने-माने कवि एवं लेखक थे। इनके यहाँ कवियों एवं शायरों का जमावड़ा रहता था। इन्होंने गजलें एवं कविताएँ लिखीं। आज भी गवर्नमेंट प्रेस के दक्षिण स्थित विशाल कोठी बीते स्वर्णिम समय की मूक कथा मूक ढंग से व्यक्त कर रही है। राजा प्यारेलाल 'उल्फती' ने फारसी-उर्दू की भाषा एवं साहित्य में उल्लेखनीय योगदान दिया। पटना सिटी में गुरु गोविंद सिंहजी के जन्म-स्थान के समीप

इनका एक बड़ा बगीचा तथा एक आलीशान मकान है, जिसमें 'उल्फती' ने निवास किया। इनके यहाँ पूरे भारत से आए फारसी-उर्दू के विद्वान् और कवियों की जमघट होती थी। काफी शानो-शौकत का माहौल था।

प्यारे लाल 'उल्फती' के पौत्र कुमार सुखराज ने इनकी शानो-शौकत को आगे बढ़ाया तथा दादा की परंपरा को कायम रखा। कुँवर सुखराज बहादुर के यहाँ अकसर उर्दू मुशायरा, हिंदी कवि सम्मेलन, संगीत-नृत्य तथा नाटकों का मंचन जैसे कार्यक्रम होते रहते। इनकी गिनती शीर्ष के जमींदारों में थी तथा ये साहित्यकारों, संगीतज्ञों, कला-नाटककारों को खुले हृदय से पुरस्कार वितरण करते एवं सम्मानित करते। सुखराज बहादुर ने फारसी एवं उर्दू के विद्वान् होते हुए भी हिंदी को महत्त्व प्रदान किया। वे हिंदी को भावी राष्ट्रभाषा के रूप में देखते थे। तत्कालीन वायसराय लॉर्ड लीटर (1884) के समय कुँवर सुखराज बहादुर के प्रयत्न से बिहार की कचहरियों में अरबी भाषा और फारसी लिपि के स्थान पर देवनागरी लिपि में हिंदी भाषा को स्थान मिला।

कुँवर सुखराज बहादुर, मुंशीहसन अली, पं. मदनमोहन भट्ट, पं. केशवराम भट्ट तथा भूदेव मुखर्जी आदि के सम्मिलित प्रयास एवं पहल से आज से सौ साल पूर्व हिंदी राज-काज की भाषा घोषित की गई। इस उद्घोषणा पर मैं इठला रहा था। उस समय हिंदी के प्रचार-प्रसार के लिए 'बिहार-बंधु' साथ उर्दू में 'मशीरे-बिहार' का प्रकाशन होता था। उन्नीसवीं सदी के प्रारंभ में फारसी भाषा के कवि रामचंद्र 'फरहत' की काफी चर्चा थी। मुंशी हरिहर नाथ 'मेहनती', जो मीर वजीर अली 'इब्राती' के शागिर्द तथा प्यारे लाल 'उल्फती' के समकालीन थे, की काफी शोहरत थी। फारसी और उर्दू के नामी लेखकों और शायरों में हसन कुली खाँ 'फानी', बहादुर खाँ, सैयद शाह गुलाम हुसैन, हामिद 'परेशान' का नाम उल्लेखनीय है। हसन कुली खाँ द्वारा रचित 'विस्तार-ए-ईश' (सन् 1817) दो खंडों में प्रकाशित हुई, जिसमें शायरों की जीवनी लिखी गई है। सन् 1813 में फारी बहादुर खाँ ने विज्ञान एवं गणित के विषयों पर पुस्तकें लिखीं। सैयद शाह

गुलाम हुसैन द्वारा रचित पुस्तक 'कारिस्तान-ए-ईश' फारसी की कविताओं से भरी पड़ी है। इसलामी अदब-कायदे साहित्यिक समाँ ने दिल्ली से आए मिर्जा गालिब को तथा हजरत दाग, जो अपनी प्रेयसी से मिलने की इच्छा पर कलकत्ता से पटना आए थे, कई दिनों तक मेरी जमीन ने उन्हें रोक रखा। सोचिए, मेरे यहाँ का आकर्षण और लोगों का खुशनुमा रसमय मिजाज कैसा रहा होगा कि बड़े-बड़े नामी व्यक्ति शायर यहाँ की परंपरा और संस्कृति एवं कवायत में फँस गए। लखनऊ से आए शायर आदतया खाँ ने फारसी में पटना के संबंध में अपनी यात्रा विवरण 'मजलिस-रंगीन' में काफी कुछ लिखा है। कवियों और शायरों की रचनाओं में पटना की खूबसूरती एवं साहित्यिक वातावरण की प्रशंसा एवं चर्चा की है। अंग्रेजों ने अपने शासन चुस्त-दुरुस्त बनाने के लिए नई शिक्षा नीति लागू की। सरकारी नौकरी को पाने की इच्छा रखनेवाले लोग अंग्रेजों के इशारे पर चलने लगे। अरबी एवं फारसी भाषा के विकास एवं इस्तेमाल के दिन लद गए। 1832 में कोर्ट-कचहरियों की भाषा फारसी के स्थान पर उर्दू बन चुकी थी।

उन्नीसवीं शताब्दी के उत्तरार्ध में सरकारी नौकरी में अंग्रेजी भाषा का ज्ञान अनिवार्य करार कर दिया गया। फारसी भाषा के प्रति लोगों की रुचि क्रमशः कम होती गई। फारसी भाषा में दिलचस्पी इसलाम दर्शन की जानकारी प्राप्त करने की जिज्ञासा रखनेवालों तथा प्राचीन भाषा साहित्य में जिन्हें रुचि थी, उन्हीं चुनिंदा लोगों को रह गई। ऐसे लोगों में एक थे फारसी कवि कुँवर हीरालाल, जो प्यारे लाल उल्फती के बेटे थे।

मैंने एक बार पुनः अरबी-फारसी भाषा को संस्कृत भाषा की तरह नीचे की ओर फिसलते हुए अनुभव किया। राजा प्यारे लाल उल्फती का निजी पुस्तकालय काफी समृद्ध था। उनकी मृत्योपरांत 'बिहार-बंधु' ने अपने संपादकीय लेख में उन्हें आधुनिक बिहार का निर्माता बताया।

कुँवर सुखराज प्यारे लाल उल्फती के पोते तथा उनके पुत्र कुँवर जगदीश बहादुर उर्दू के अच्छे शायर थे। वे संगीत एवं साहित्य के अनन्य प्रेमी थे। परंतु जुए, शराब एवं अय्याशी के कारण उनकी माली हालत खराब

हो गई। बँगला, मकान, कोठी, वाहन सभी पानी के भाव बिक गए। मात्र सुखराज की पत्नी सरस्वती के नाम पर एक खैराती दवाखाना, 'सरस्वती दातव्य चिकित्सालय' निशानी बची रही। दादीजी उल्फती की लाइब्रेरी का कोई नामोनिशान नहीं रहा, न ही उनकी रचनाओं को नई पीढ़ी ने जाना।

पंडिता रमाबाई—मैं जब भी अपने यहाँ की साहित्य की चर्चा करता हूँ, मुझे पंडिता रमाबाई का स्मरण हो आता है। यह वाकया 100 वर्ष पुराना है। महाराष्ट्र में 1858 में जन्मी, सुप्रतिष्ठित ब्राह्मण महिला रमाबाई संस्कृत

की प्रकांड विद्वान् तथा ओजस्वी वक्ता थीं। उन्होंने पटना में सिलहट के एक हरिजन वकील बाबू विपिन बिहारी दास, एम.ए., बी.एल., जो जजेज कोर्ट के वकील थे, से प्रेम-विवाह किया। यह भी एक मिसाल है। ये सब बातें दैनिक 'स्टेट्समैन' 20 अक्तूबर, 1880, 'इंडियन क्रिश्चियन हेरल्ड' में प्रकाशित हुई थीं। विदुषी रमाबाई के पिता पंडित अनंत शास्त्री संस्कृत के महान् विद्वान् और धार्मिक व्यक्ति थे। वे अनावश्यक रूढ़ियों पर विश्वास

नहीं करते थे। नारियों में शिक्षा को बढ़ावा देने में अग्रणी थे। यद्यपि पंद्रह वर्ष तक रमाबाई विद्यालयी शिक्षा नहीं पा सकीं, परंतु गीता, भागवत पुराण उन्हें पिता की कृपा से कंठस्थ हो गई। वे संस्कृत में धारा-प्रवाह बोलती थीं। अभिभावकों की मृत्यु पश्चात् कलकत्ता में (1878) अपने भ्राता श्री निवास के साथ मंच पर भाषण देकर लोगों का ध्यान अपनी ओर आकर्षित किया। कलकत्ता के विद्वानों ने उन्हें 'सरस्वती' की उपाधि से विभूषित किया। पंडितों द्वारा सम्मानित होने पर उन्हें 'पंडिता रमाबाई' के नाम से पुकारा जाने लगा। पारंपरिक तौर पर उन्नीसवीं सदी की क्रांतिकारी महिलाओं में उनका नाम भले ही नहीं लिया जाता है, परंतु हम इस तथ्य को नकार ही नहीं सकते कि क्रांतिकारी भावना उनमें कूट-कूटकर भरी थी। कलकत्ता एवं महाराष्ट्र तथा पटना के सुधारवादी भावनाओं को उनसे बल अवश्य मिला। मैं अपनी कथा सुनाने के क्रम में उन्हें याद कर श्रद्धा से नतमस्तक हो रहा हूँ।

मैं पटना के कुछ प्रमुख साहित्यकारों की गाथा सुनाए बिना नहीं रह सकता। इन साहित्यकारों, जिनकी चर्चा मैं करने जा रहा हूँ, का योगदान पटना ही नहीं समस्त भारत के साहित्य-जगत् में जगमगा रहा है। वे गिने-चुने साहित्यकार हैं—

आचार्य रामलोचन शरण (1881-1971)

बीसवीं सदी में अपने को बिहारी कहनेवाले बाल साहित्य के निर्माता, व्याकरण एवं भाषा विशेषज्ञ लेखक, कवि एवं संपादक, रचनाकार, कवि एवं कलाकारों के प्रेरक, मार्गदर्शक एवं संरक्षक ने पाटलिपुत्र से 'बालक' एवं 'हिमालय' नामक प्रसिद्ध पत्रिका के प्रस्तुतकर्ता ने अपनी प्रकाशन संस्था पुस्तक भंडार एवं अत्याधुनिक छपाई के मुद्रण को पटना में शुरू किया। उनकी प्रसिद्ध रचना 'मनोहर पोथी' एवं 'व्याकरण चंद्रिका' पूरे भारत में प्रसिद्ध हुई। इनको 'बिहारी का गिजूभाई' और 'बिहार का द्विवेदी' भी कहा जाता था। उनकी सेवा को महात्मा गांधी, राजेंद्र प्रसाद एवं सच्चिदानंद सिन्हा ने भी सराहा।

यहाँ की धरती से उन्होंने अनेक रचनाकारों को प्रकाश में लाया। वे अनासक्त कर्मयोगी थे। रामधारी सिंह दिनकर, जानकी बल्लभ शास्त्री, मोहन लाल वियोगी, उपेंद्र महारथी, हरिमोहन झा, शिवपूजन सहाय, राजा राधिका रमण, रामवृक्ष बेनीपुरी, कृपानाथ मिश्र, गोपाल सिंह नेपाली, विनोद शंकर व्यास, लक्ष्मी नारायण सुधांशु एवं माहेश्वरी सिंह महेश आदि की रचनाओं को प्रोत्साहित कर ख्याति दी। स्वयं भी मैथिली तुलसी के रूप में तुलसीदास की प्रत्येक रचना को मैथिली में पेश किया। (तुलसी ने जो लिखा राम की भाषा में तुमने गाया है सीता की बोली में।)

जिस समय स्वतंत्रता के लिए आंदोलन प्रारंभ हुआ, उस समय के हिंदुस्तानी उमंग को साहित्यकारों की रचनाओं द्वारा पेश किया। राष्ट्रीय साहित्य का निर्माण किया। बिहार का चित्रित गौरव चित्रों के द्वारा पेश किया। यह आज भी पटना राजभवन में शोभा बढ़ाता है। उनका एक ही सिद्धांत था 'कर्मण्ये वाधिकारस्ते मा फलेषु कदाचन्।' बुद्धि एवं कर्म से उन्हें सात्त्विक आनंद मिलता था।

सन् 1915 की जनवरी में लहेरियासराय की एक छोटी सी झोंपड़ी में 'पुस्तक भंडार' संस्था का जन्म हुआ। 1928 ई. में भंडार में ही विद्यापति प्रेस की स्थापना की। 1926 ई. में पूरी सज-धज के साथ बालकों का सुपरिचित बाल-साहित्य का सर्वश्रेष्ठ सचित्र मासिक पत्र 'बालक' का प्रकाशन हुआ। 1929 ई. में बिहार सरकार की कृपादृष्टि भंडार पर पड़ी तथा आचार्यजी द्वारा लिखित पुस्तकें हर एक कक्षा में मंजूर होने लगीं। सन् 1930 में पटना में 'पुस्तक भंडार' की शाखा खोल दी। आचार्यजी सच्चे कर्मयोगी के रूप में जाने जाते हैं। 'जयंती स्मारक ग्रंथ' में पं. जनार्दन झा 'जनसीदन' ने आचार्य रामलोचन शरण के बारे में लिखा—"पुस्तक भंडार से साहित्यसेवी और विज्ञान जितना उपकृत और सत्कृत हुए हैं, उतना बिहार की दूसरी किसी भी साहित्यिक संस्था से नहीं। बिहार के इस गौरवान्वित 'भंडार' की यह उदारता सर्वथा प्रशंसनीय है।"

मैं (पटना) 'पुस्तक भंडार' संस्था की चमक-दमक और उत्थान का

प्रत्यक्ष साक्षी रहा हूँ। परंतु आज के इस दौर में इसके गिरते वैभव की महत्ता से दुःखी भी कम नहीं। मुझे प्रतीक्षा है कि कोई उद्यमी शरणजी के परिवार का अवतरित हो और पुनः इस संस्था को ऊर्द्धगामी बनाए।

हिंदी पत्र-पत्रिकाएँ

सन् 1872 ई. में पं. केशवराम भट्ट तथा पं. मदन मोहन भट्ट के सदुद्योग से बिहारशरीफ से 'बिहार-बंधु' नामक साप्ताहिक पत्र का प्रकाशन हुआ। 1874 में इसका छापाखाना पटना चला आया।

बाबू महावीर प्रसाद के संपादन में 'सर्व-हितैषी' दैनिक-पत्र बांकीपुर, पटना से 1890 में निकलने लगा। 1890 के लगभग 'द्विज-पत्रिका' भी निकली।

खड्गविलास प्रेस की स्थापना 1880 ई. में बाँकीपुर, पटना में हुई। यहीं से 'क्षत्रिय-पत्रिका' निकली। 1897 ई. में 'पटना कवि समाज' की स्थापना हुई। इस समाज ने अपनी मुख-पत्रिका 'समस्या-पूर्ति' निकाली। 1897 ई. में खड्गविलास प्रेस से 'शिक्षा' नामक पत्रिका का भी प्रकाशन हुआ।

पटना के पुराने पत्रों में 'खत्री-हितैषी,' 'भारत-रत्न,' पं. विजयानंद त्रिपाठी द्वारा संपादित मासिक 'उद्योग,' पं. कृष्ण चैतन्य गोस्वामी संपादित मासिक 'चैतन्य चंद्रिका,' बाबू गोकुलानंद प्रसाद वर्मा संपादित दैनिक 'बिहारी' आदि के नाम उल्लेखनीय हैं।

पटना निवासी, नामी बैरिस्टर और विद्वान्, काशी प्रसाद जायसवाल द्वारा संपादित सन् 1914 ई. में साप्ताहिक 'पाटलिपुत्र' निकला।

साहित्यकार

1. **वात्स्यायन**—कामसूत्रम, नैष्कर्म सिद्धि, विधि-विवेक।
2. **विद्यापति**—पदावली, कीर्तिलता, कीर्तिपताका।
3. **बाणभट्ट**—कादंबरी, हर्ष चरितम्, चंडीशतक।
4. **रामधारी सिंह 'दिनकर'**—उर्वशी, रेणुका, हुंकार, रश्मिरथी, परशुराम की प्रतिज्ञा।

5. **फणीश्वरनाथ रेणु**—मैला आँचल, पलटू बाबू रोड, मारे गए गुलफाम।
6. **देवकी नंदन खत्री**—चंद्रकांता संतति, काजर की कोठरी, तीसरी कसम।
7. **राजा राधिकारमण प्रसाद सिंह**—नवलखा हार, पुरुष और नारी, बिखरे मोती, धर्म और मर्म।
8. **डॉ. राजेंद्र प्रसाद**—इंडिया डिवाडेड, चंपारण में सत्याग्रह, बापू के कदमों में।
9. **डॉ. कुमार विमल**—मूल्य और मीमांसा, सर्जना के स्वर, युगभावन बापू।
10. **वाचस्पति मिश्र**—भाष्य भामती, न्याय कंडिका, ब्रह्मतत्त्व समीक्षा।
11. **अश्वघोष**—महायान श्रद्धोत्पाद समग्र, बुद्धचरित।
12. **रामवृक्ष बेनीपुरी**—अंबपाली, माटी की मूरतें, संघमित्र।
13. **ज्योतिरीश्वर ठाकुर**—दर्शन रत्नाकर, वर्णरत्नाकर।
14. **दाउद**—चंद्रायन।
15. **विष्णु शर्मा**—पंचतंत्र, हितोपदेश।
16. **नागार्जुन**—बाबा बटेसरनाथ, पारो, रतिनाथ की चाची, बलचनमा, दुःखमोचन।
17. **शिवसागर मिश्र**—दूब जनम छाथी।
18. **राहुल सांकृत्यायन**—दर्शन-दिग्दर्शन, बुद्धचर्या, विनय-पिटक, धम्मपद।
19. **नलिन विलोचन शर्मा**—दृष्टिकोण और मापदंड, विष के दाँत, साहित्य का इतिहास दर्शन।
20. **केदारनाथ मिश्र 'प्रभात'**—जवाला, कैकेयी, ऋतुवंश।
21. **जानकी बल्लभ शास्त्री**—काकली, गाथा, मेघगीत, अवंतिका,

चिंताहास, मन की बात, एक किरण, सौ झाँइयाँ, दो तिनकों का घोंसला, अशोक वन आदि।

22. **शाद अजीमाबादी**—नक्शे-पायदार।

'यंग इंडिया' का हिंदी रूपांतरण 1919 में पटना से 'तरुण भारत' साप्ताहिक निकला।

1928 में रामवृक्ष बेनीपुरी के संपादन में पटना से सचित्र मासिक 'युवक' निकला। यह अपने साथ नई रोशनी, नई विचारधारा और उमंगें लेकर आया।

पटना नगर की साहित्यिक चेष्टाओं के प्रभाव से दानापुर से आर्य-समाज का मुखपत्र 'आर्यावर्त' पहले पहल पं. रुद्रदत्तजी के संपादन में निकला।

1935 में 'आलोक' नामक सिनेमा-साप्ताहिक ललित कुमार सिंह के संपादन में प्रकाशित हुआ। इसी प्रेस से 1936-37 में श्री प्रफुल्लचंद्र ओझा द्वारा संपादित साहित्यिक पत्रिका 'बिजली' प्रकट हुई। प्रायः इसके प्रकाशन में सभी नवयुवक लेखकों का सहयोग मिला। 1938 में साम्यवादी दल के 'जन-साहित्य-संघ' (पटना) की ओर से 'जनता' नामक साप्ताहिक पत्रिका निकली। 'इंडियन नेशनल प्रेस' पटना से कुछ काल तक दैनिक 'जनम' निकलता रहा।

दो अस्तंगत मासिक पत्रिकाओं को कैसे भुला दूँ—बिहार शरीफ का 'नालंदा' तथा पटना की 'जन्मभूमि'। बाद में इन पत्रिकाओं की लीला समाप्त हो गई।

इंडियन नेशनल प्रेस से निकलनेवाले, श्रीमान मिथिलेश क्षरा संरक्षित, 'आर्यावर्त' की तो बात ही निराली थी।

दो अंग्रेजी दैनिक 'इंडियन नेशन' तथा 'सर्चलाइट' को स्मरण किए बिना नहीं रह सकता। 1946 में पुस्तक भंडार द्वारा प्रकाशित 'हिमालय' मासिक पत्रिका शिवपूजन सहाय, रामवृक्ष बेनीपुरी, रामधारी सिंह दिनकर के संपादन में निकली।

मैं पटना के प्रसिद्ध रचनाकारों के नाम तथा उनके द्वारा रचित प्रसिद्ध पुस्तकों का जिक्र कर रहा हूँ—

राजा राधिका रमण सिंह (राम रहीम), आचार्य रामलोचन शरण (व्याकरण चंद्रिका, बालक मासिक एवं सैकड़ों बाल-साहित्य पुस्तकों के रचयिता), शिवपूजन सहाय (देहाती दुनिया), रामवृक्ष बेनीपुरी (माटी की मूरतें), हरिमोहन झा (कन्यादान), रामधारी सिंह दिनकर (रेणुका), फणीश्वर नाथ रेणु (मैला आँचल), गोपाल सिंह नेपाली (नवीन), नागार्जुन (बलचनमा), कलक्टर सिंह केसरी (शब्द-पुरुष) एवं मोहन लाल वियोगी (आर्यावर्त) पटना। अन्य लोकप्रिय कथाकार, कवि, नाटककार एवं आलोचकों का जिक्र करना आवश्यक है।

उपन्यास-कथा—हिमांशु श्रीवास्तव, प्रफुल्लचंद ओझा 'मुक्त', प्रकाशवती नारायण, पद्मश्री उषाकिरण खाँ, ऋषिकेश सुलभ, अवधेश प्रीत, संतोष दीक्षित, शांता सिन्हा, भगवती शरण मिश्र, राधाकृष्ण प्रसाद, राविन शा पुष्प, मृत्युंजय मिश्र करुणेश, मार्कंडेय प्रवसी, नचिकेता, पांडेय कपि, वासुदेव नारायण, गोवर्धन प्रसाद सदन, आलोक धन्वा, अरुण कमल, भगवती प्रसाद द्विवेदी।

कवि—सत्यनारायण, हरेंद्रदेव नारायण, रामगोपाल शर्मा रुद्र, रामप्रिय मिश्र प्रभात, राम नरेश पाठक, डॉ. रवींद्र राज हंस, डॉ. शैलेंद्र नाथ श्रीवास्तव, गोपी वल्लभ सहाय।

नाटककार—चतुर्भुज, हृषिकेश सुलभ, डॉ. जीतेंद्र सहाय, परेश सिन्हा।

आलोचक—नलिन विलोचन शर्मा, नंद किशोर नवल, खगेंद्र ठाकुर।

पटना के शिल्प को देखने के लिए उपेंद्र महारथी शिल्प अनुसंधान संस्थान महत्त्व रखता है। उपेंद्र महारथी ने शांतिनिकेतन से शिक्षा प्राप्त कर पुस्तक भंडार में आचार्य रामलोचन शरण की देख-रेख में अपनी प्रतिभा को निखारा। उपेंद्र महारथी के नाम पर यह संस्थान है।

विक्रम सेठ ने अंग्रेजी में 'ए सुटेबुल ब्वॉय' नामक उपन्यास में अपने जन्मस्थान पटना के बारे में काफी लिखा है। फणीश्वर नाथ रेणु, नलिन विलोचन शर्मा, मृदुला सिन्हा, राहुल सांस्कृत्यायन, खगेंद्र ठाकुर, उषा किरण खान आदि लेखकों ने हिंदी में श्रेष्ठ पुस्तकें लिखीं।

□

पाटलिपुत्र से पटना काल में संगीत-नृत्य-महफिलें एवं नृत्यांगनाएँ-रंगकर्म

मैं प्राचीनकाल से ही संगीत और नृत्य का केंद्र रहा हूँ। मैंने 2500 वर्ष पूर्व से आज तक ऐसी प्रतिभाओं को पनपते देखा, जिनका बड़ा नाम है। पाटलिपुत्र की नृत्यांगना कोशा, चित्रलेखा एवं कोकला आज भी जीवंत है। कोशा तो सूई की नोंक जैसे स्थल पर नृत्य करने की कला में माहिर थी। संगीत और नृत्य केवल मनोरंजन के साधन ही नहीं, बल्कि मुक्ति प्राप्त करने के माध्यम भी रहे। इसे 'नाद-ब्रह्म' की संज्ञा दी गई है। मैं आपको अवगत करा दूँ कि मेरे यहाँ चार सार्वजनिक त्योहार बड़े उत्साह से, संगीत-नृत्य के रंगों में रँगे, धूमधाम से मनाए जाते थे। वर्षाकाल में 'वर्षा मंगल', चैत्र के मौसम में 'मदन महोत्सव', शरद ऋतु में 'कौमुदी महोत्सव' तथा फाल्गुन में 'होली महोत्सव' की बड़ी धूमधाम थी। ये सभी त्योहारों के रसमय रंग पाटलिपुत्र की धरोहर हैं।

कौमुदी महोत्सव चंद्रगुप्त मौर्य के समय से ही नियमित रूप से आयोजित किया जाता था तथा पूरा पाटलिपुत्र संगीत-नृत्य के आयोजन से भर उठता था। होली और चैती महोत्सवों का आनंद लेने पटना के बाहर के कलाकार भी आया करते थे। फाल्गुन तथा चैत के महीने में बाँकीपुर, मुरादपुर से पटना सिटी में कटरा तक की सड़कों के दोनों किनारों पर

आकर्षक ढंग से महफिलें सजती थीं तथा रात भर संगीत-नृत्य के कार्यक्रम चलते थे। पूरे शहर के निवासी रससिक्त हो सड़कों पर नजारा देखने निकल पड़ते थे। अनुशासन का पालन होता था। मेरे यहाँ के कलाकारों द्वारा चैती धुन तथा विहारी धुन की सृष्टि हुई जिसे 'पूर्वी धुन' की संज्ञा दी गई।

पूर्वी धुन का आनंद उठाने संगीत सम्राट् तानसेन का भी मेरी धरती पर आना हुआ था। भारत विख्यात नर्तक कालिका और विंदादीन भी चैती नृत्य देखने आए थे। रामपुर स्टेट (यू.पी.) के ध्रुपद गायन के माहिर कलाकार अमन खाँ पटना आए थे और यहीं के होकर रह गए।

उन्नीसवीं सदी के अंतिम दशक में आगरा की रहनेवाली 'जोहरा बाई' ने आकर अपने संगीत से, गायन से लोगों को मोह लिया। वे खयाल, ठुमरी गायन में पारंगत थीं। दरभंगा महाराज के काल में तीसरे नंबर की जोहरा बाई भी पटना में आकर संगीत-नृत्य में खूब धूम मचाई।

रौशन आरा बेगम, राजेश्वरी बाई, गंगाधरी, मैना बीबी, चंदा बाई एवं कज्जन बाई जैसी अनेक गणिकाओं ने गायकी जगत् में अपना नाम रोशन किया तथा मेरी संगीत परंपरा को बरकरार रखा। हारमोनियम बजाने में 'गफ्फार खाँ' को मैं कैसे भूल सकता हूँ। 'अलीकदर' की गिनती मशहूर तबलावादकों में होती थी। मेरे यहाँ के सितारवादक 'प्यारे साहब' ने पूरे देश में तहलका ही मचा दिया था। फुलौरी गली (चौक) के निवासी 'हीरा' जो गुरु मुकुट (सारंगीवादक) के बड़े भाई थे और 'बहादुर खाँ' ने सारंगीवादन में मिशाल कायम की।

मुकुट गुरु जिनका पूरा नाम मुकुट लाल मिश्र था, 'रंगकवि' के नाम से कविताएँ लिखा करते थे। हिंदी साहित्य में इनकी कविताओं का एक महत्त्वपूर्ण स्थान है।

तानपूरा पर गायन विधि में पारंगत आचार्य लल्लू लाल गंधर्व सुप्रसिद्ध संगीतज्ञ की अपनी अलग ही हस्ती थी। बैसाखी पर चलते थे। महात्मा गांधी के दौरे के अवसर पर हर सभा में स्वागत गान एवं भजन गाया करते थे। मेरे यहाँ के अंग्रेजी दैनिक अखबार 'इंडियन नेशन' के संपादक ब्रजनंदन

आजाद, 'बिहार-बंधु' के अंतिम संपादक पं. प्रमोद शरण पाठक प्रख्यात पत्रकार थे एवं संगीत में गहरी रुचि रखते थे। दोनों ने ही 'केशव-महाराज' से तबला सीखा। ये दोनों गुप्त गोष्ठियों में अपनी कला का प्रदर्शन किया करते थे।

लोहानीपुर (पटना) के निवासी स्व. बाबू श्याम नारायण सिंह ने तो संगीत साधना में अपना पूरा जीवन ही बिता दिया। वे जहाँ पहुँच जाते महफिलें जाग उठती थीं। दीवान मुहल्ला निवासी श्री उल्फत राय अपने समय के नामी तबलावादकों में से थे। राय सुल्तान बहादुर के यहाँ प्रतिदिन महफिलें सजती थीं, जिसमें गायिकाओं, राजे-रजवाड़ों, नवाबों, अमीरों की उपस्थिति में उल्फत रायजी का तबलावादन तो होता ही था, गीतकारों और नृत्यांगनाओं को अपनी कला-प्रदर्शन का पूरा मौका मिलता था। उन्हें भरपूर पुरस्कारों से सम्मानित भी किया जाता था। आज राय सुल्तान बहादुर का आशियाना उजाड़ पड़ा है, परंतु मेरी पुरानी संस्कृति की ओर इशारा अवश्य कर रहा है।

श्री शिवसहाय तथा श्री शंभु गुरु का नाम सारंगीवादकों में अक्षुण्ण है। खयाल और भजन गायन में रामदासीजी, जो मुकुट गुरु की शिष्या थीं, का नाम अविस्मरणीय है।

मुहम्मदी जान मशहूर गायिका थीं। दीवान मुहल्ला के एक जमींदार ने उनपर लाखों रुपए लुटा दिए। मुहम्मदी जान की अपनी कोई संतान नहीं थी। उन्होंने अपनी पूरी संपत्ति लगाकर गुरहट्टा में एक दो मंजिल सुंदर मसजिद बनवाई, जो आज भी कायम है। यह मसजिद मुहम्मदी जान के धर्म की कथा सुना रही है।

अल्लाह जिलाई का नाम दादरा ठुमरी गायन में लिया जाता है। वे सुंदर और आकर्षक थीं ही, साथ-ही-साथ साड़ी पर जरीदार टोपी पहनती थीं। रंगशाला में हुक्के की सुड़क पर गाती-बजाती थीं। जमींदार बनवारी राजा उनपर मोहित हो गए एवं उन्हें सदा के लिए अपना बना लिया। जमींदार साहब ने झाऊगंज मेन रोड पर एक विशाल रंगशाला बनवाकर रंगशाला के

दरवाजों की मेहराबों को सोने-चाँदी के पत्थरों से जड़कर अल्लाह जिलाई को उपहार दे दिया। आज भी यह रंगशाला खड़ी है। परंतु उदास और मौन है। न उसमें गानेवाली रूपवान अल्लाह जिलाई हैं और न ही जमींदार साहब बनवारी राजा ही हैं। मेरे यहाँ की मछरहट्टे की गंगाघाटी ठुमरी और दादरा में अपनी शान रखती है। काली बीबी का कटरा से लेकर पश्चिम से गुरहट्टा तक मुख्य सड़क के दोनों तरफ ऊँचे तबके की गणिकाओं का बोलबाला था, जिनका मुख्य पेशा गाना-बजाना तथा नृत्य था। नीचे नगर के मुख्य सेठ-साहूकारों के काम-धंधे, व्यापार चलते थे तथा ऊपर झरोखों से घुँघुरुओं की छन-छन तथा वाद्य-यंत्रों के सुर-स्वर, ताल सुनाई पड़ते थे। शहर के नामी नवाब, जमींदार, अमीर लोग मन बहलाने के लिए पश्चिम दरवाजे तक का चक्कर लगाते, जहाँ मन रम गया किसी गायिका के यहाँ जम जाते तथा रात्रि में जी भरकर ठुमरी, खयाल, टप्पा, कजरी, गजल का आनंद उठाते।

मेरे यहाँ के अमीर-उमरावों, नवाबों की कोठियाँ और बाग-बगीचे गंगा तट पर बने थे तथा वहाँ अकसर मिलन समारोह तथा महफिलें सजती थीं। अंग्रेजों के जमाने में हाकिमों, अधिकारियों के लिए दावतें तथा पार्टियाँ दी जाती थीं। लेफ्टिनेंट गवर्नर घोड़ों से खींचे जानेवाली ट्रामों-बग्गियों पर चढ़कर दावतों तथा पार्टियों का लुफ्त उठाने आया करते थे। अंग्रेज ऑफिसर-अधिकारी इन समारोहों में आना अपनी खुशकिस्मती समझते थे। 'बिहार-बंधु' 1881 तथा 1884 के अंकों में लेफ्टिनेंट गवर्नर के पटना आगमन के संबंध में एक बड़ी रिपोर्ट छपी थी। इस सुअवसर पर पटना कलक्टरी तथा दूसरी बार पटना कॉलेज हॉल में स्वागत समारोह तथा महफिलें सजीं। अंग्रेजों के यहाँ से विदा होने तथा जमींदारी प्रथा के समाप्त होने के साथ-साथ सत्संगीत धूमिल पड़ गया। उस्तादों और कलाकारों, प्रतिभाओं, कला का रंग उजड़ने लगा। धीरे-धीरे अच्छे संगीत की जगह हलके-फुलके गीतों-गानों ने ले लिया। तवायफों की रंगशाला, संगीत, नृत्य-कला गायब हो गई। उनके घर वेश्यालयों तथा पापाचार के अड्डों में तब्दील हो गए।

साहित्य और संगीत-प्रेमी नवाबों और जमींदारों की आर्थिक हालत बिगड़ चुकी थी। नामी तवायफों, गीतकारों, बाजेवालों, नर्तकियों को भी आर्थिक तंगी का सामना करना पड़ा। उनको अपने गहनों को बेचकर जीवन-यापन करने की स्थिति बन गई। काली बीबी का कटरा, झाऊगंज, चौक, मच्छरहट्टा, गुरहट्टा आदि मुहल्लों में मनहूसियत छा गई। इन मुहल्लों के कलाकारों ने अन्य पेशों को अपना लिया।

आज मैं आश्चर्य मिश्रित अवसाद से पीड़ित हूँ। मेरे शहर की अजीमाबाद या पुराने पटना काल की वह तहजीब और सजावट कहाँ गई! झाड़-फानूस तथा कंदीलों की धीमी रोशनी में विभिन्न प्रकार की चित्रकारी, जापानी शीशों तथा मोमबत्तियों से सजी वे महफिलें सूनी-सूनी हैं। मेरी कहानी की दिशा बदल रही है। वे दिन लुप्त हो गए, जब विभिन्न इत्रों की सुगंधि तथा तंबाकू की महक से भरी महफिलों की तरफ लोग खुद ही खिंचे चले आते थे। अहा! कितने लुभावने रसमय दिन थे मेरे। आज मैं उन दिनों को, उन लोगों को तलाश रहा हूँ, परंतु कहीं दिखाई नहीं देते। मेरा द्रवित हृदय उन दिनों को आत्मसात् करना चाहता है। वह कहना चाहता है कि पुनः उन रसीले दिनों की सुगंधि से मुझे भर दो, मेरे फटे-पुराने वस्त्रों को नए रंगों से रँग दो।

आज मैं स्वतंत्र हूँ। लोकतंत्र की बहाली हो चुकी है। अंग्रेज जा चुके हैं और मुझे बाजार बना गए हैं। बीते जमाने की कला-संस्कृति जो नवाबों, जमींदारों, अमीरों की कोठियों में कैद थी तथा कुछ खास लोगों की विरासत थी, वह आज आम बन चुकी है। आज की संगीत-नृत्य कला के रंग-रूप में बदलाव आया है।

मेरा नगर दुर्गापूजा दशहरे के मौके पर सुख-दुःख भूलकर संगीत की रसधारा में बह जाता है। गोपी-कृष्ण, चतुर्भुज चौबे, सितारा देवी, ताराबाई (शुक्रे महाराज की बेटी) का नृत्य देखने का मौका मेरे यहाँ के बाशिंदों को मिला है। स्व. जगजीत सिंह, चित्रा सिंह, चंदन दास, पंकज उधास, अनूप जलोटा तथा पश्चिम संगीत के कलाकार मेरे यहाँ की महफिलों की शोभा बढ़ा चुके हैं।

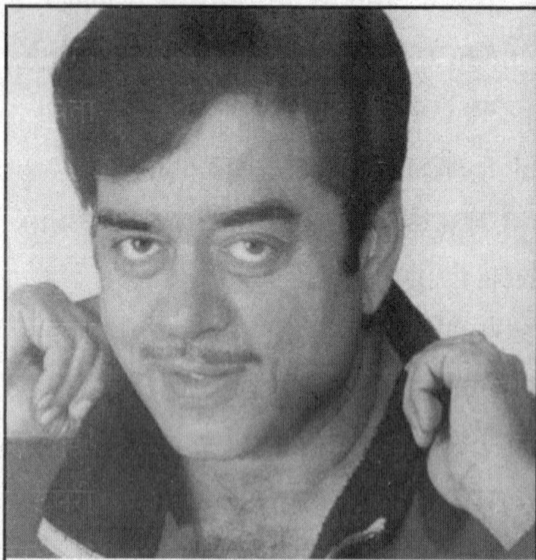
शत्रुघ्न सिन्हा

शेखर सुमन

नीतू चंद्रा

रतन राजपूत

मेरे यहाँ शास्त्रीय संगीत की परंपरा में ध्रुपद, धमार, खयाल और ठुमरी प्रचलित है। साथ ही लोकगीतों में चैती, बारहमासा, फगुआ, जाँतसारी, कजरी, नचारी (विद्यापति के गीत) आल्हा-ऊदल, बिरहा, लोरिकायन, फिरंबिया, बटोहिया आदि सुनने-सुनाने की परंपरा कायम है।

शास्त्रीय संगीत के प्रति लोगों का रुझान कम हो गया है। पाश्चात्य संगीत के धौल-धप्पे में नई पीढ़ी मगन दिखती है।

फिल्म की दुनिया

प्रसिद्ध एक्टरों की कमी नहीं हे। उनके नाम के साथ उनकी प्रसिद्ध फिल्म का जिक्र जरूरी है। पाटलिपुत्र के शत्रुघ्न सिन्हा (कालीचरण, खुद्दार), जो बंबई में बिहारी बाबू के नाम से प्रसिद्ध एक्टर हुए, ने कई महत्त्वपूर्ण फिल्मों में फिल्म इंस्टीट्यूट, पूना से शिक्षा पाकर लोकप्रियता पाई। अन्य लोगों में रोशन सेठ (गांधी), मनोज वाजपेयी (शूल, सत्या एवं स्पेशल 26), सुशांत सिंह राजपूत (काई पो चे), शेखर सुमन (उत्सव), मनोज तिवारी (देशद्रोही एवं अन्य भोजपुरी फिल्में)। महिला एक्टरों में सोनाक्षी सिन्हा (दबंग), शिल्पा शुक्ला (चक दे इंडिया), नीतू चंद्रा (गरम मसाला, ट्रैफिक सिग्नल) मशहूर हुईं। अब तो पटना में फिल्म सिटी बनने की योजना है।

चित्रगुप्त श्रीवास्तव 1950 से 1960 तक फिल्मों में म्यूजिक डायरेक्टर भी थे। आनंद मिलिंद उनके पुत्र अब वैसा ही काम कर रहे हैं। शिवेंद्र सिन्हा की फिल्म 'फिर भी' अनेक अवार्ड से सम्मानित हुई। मदन सिन्हा भी फिल्म डायरेक्टर थे।

जगत मुरारी (1922-2003) डॉक्यूमेंटरी फिल्म मेकर थे, जिन्होंने फिल्म इंस्टीट्यूट, पूना के डायरेक्टर पद को सुशोभित किया। इनके समय में ही जया भादुड़ी, शबाना आजमी, अदूर गोपाल कृष्णन एवं सुभाष घई ने तालीम पाकर लोकप्रियता पाई।

प्रकाश झा सुलझे हुए फिल्म निर्माता हैं। इन्होंने यहाँ की राजनीति पर

कई लोकप्रिय फिल्में बनाई हैं। फिल्म के माध्यम से यहाँ की सामाजिक एवं राजनीतिक जीवन की असलियत को खोला है। 1984 में 'हिप-हिप हुर्रे,' 1985 में 'दामुल' नाम फिल्में बनाईं, जिसे सर्वश्रेष्ठ फिल्म का राष्ट्रीय पुरस्कार मिला। राजनीति पर आधारित फिल्मों में 'मृत्युदंड', 'गंगाजल', 'अपहरण', 'राजनीति' आदि का नाम है। कई वृत्तचित्र तथा 'मुंगेरीलाल के हसीन सपने', 'विद्रोह' आदि टी.वी. सीरियल भी बनाए। 2009 ई. में बेतिया लोकसभा क्षेत्र से लोक जनशक्ति पार्टी के प्रत्याशी बने, चुनाव लड़े एवं हार गए। पटना में पी ऐंड मॉल भी खोला।

रामेश्वर सिंह कश्यप का 'लोहा सिंह' नामक नाटक आकाशवाणी, पटना से प्रसारित, काफी प्रसिद्ध हुआ। बाद में इसी शीर्षक से फिल्म भी बनी।

श्याम सागर जिन्होंने 'कल हमारा है', 'बलमस्नादम', 'बाँसुरिया बाजे गंगा तीरे' जैसी फिल्मों में संगीत दिया तथा दूसरे चित्रगुप्त कहलाए।

लक्ष्मण शाहाबादी 'दुलहा गंगा-पार' फिल्म में संगीत देकर काफी नाम कमाया। फिल्म लेखन में भी महारत हासिल की।

गिरीश रंजन 1981 में पहली फिल्म 'कल हमारा है' बनाई। इन्होंने कई फिल्मों का निर्देशन भी किया।

नारायण तिवारी का नाम खलनायक की भूमिका अदा करनेवालों में लिया जाता है।

शारदा सिन्हा—पद्मश्री शारदा सिन्हा लोकगीत की गायिका हैं। मैथिली, भोजपुरी एवं मगही गीतों के लिए प्रसिद्ध हैं। 'कहे तोहसे सजना' सिनेगीत प्रसिद्ध फिल्म 'मैंने प्यार किया' (1989) में लोकप्रिय था। इसके अतिरिक्त 'गैंग ऑफ वासोपुर' एवं अन्य चलचित्रों में गाई थीं। बसंत एवं नवरात्रि की पूजा पर शारदाजी द्वारा गाए गए अनेक लोकगीत जनमानस में हैं।

दलेर सिंह—इन्हें दलेर मेंहदी के नाम से ख्याति प्राप्त है। उनका जन्म 18 अगस्त, 1967 में पटना में हुआ था। वे गीतकार एवं गायक है। भाँगड़ा,

दलेर मेंहदी

पॉप एवं गुरुवाणी में विशेषज्ञता है। प्रारंभ में 'संगीतकार परिवार' में पैदा हुए। राग एवं शब्द की प्रेरणा गुरुग्रंथ साहबजी से मिली। लेकिन उस्ताद राहत अली साहब, गोरखपुरी से बहुत कुछ सीखा। 13 वर्ष की उम्र में ही 20,000 दर्शकों के सामने पहला शो दिया।

□

प्रतीक स्थल

मैं बिहार की राजधानी में आपका स्वागत करता हूँ। आप मेरे कुछ प्रतीक स्थलों, जिसकी चर्चा करने जा रहा हूँ, की यात्रा अवश्य करें तथा पाटलिपुत्र से पटना तक के इतिहास को जानें। मेरे पास अमूल्य निधियों का खजाना है। मैं बता दूँ—केवल पुस्तकों के अध्ययन, कंप्यूटर के साइट पर, गूगल से जगत् देखा नहीं जा सकता। कतिपय स्थलों का भ्रमण करना अत्यावश्यक है। मेरे यहाँ की इमारतें व भग्नावशेष बिना बोले अपनी कथा बयाँ कर रहे हैं। पाटलिपुत्र से पटना तक की यात्रा काफी दिलचस्प है। आप सभी मेरे विकास में सहयोगी बन सकते हैं। यह तभी संभव हो सकता है जब आप मुझे जानें, पहचानें, गहरे पानी में पैठ मोती को ढूँढ़ें।

पटना के दर्शनीय स्थलों की गाथा पश्चिम दरवाजे से प्रारंभ हो रही है—

1. पश्चिम दरवाजा (देहली दरवाजा)—पटनावासी पश्चिम एवं पूर्वी दरवाजा से भलीभाँति अवगत हैं। परंतु बहुत कम ही लोग देहली दरवाजा के नाम से अवगत होंगे। 'अकबरनामा' के अनुसार, पश्चिम दरवाजा का मूल नाम देहली दरवाजा था। 9 अगस्त, 1574 को अकबर ने पठानों पर विजय हासिल की और पश्चिम दरवाजा से पटना में प्रवेश किया तथा पश्चिम दरवाजा को देहली दरवाजा का नाम दिया। पश्चिम दरवाजा मेरी सुरक्षा द्वार का अंतिम अवशेष है। पश्चिम दरवाजा यानी पटना शहर का पश्चिमी द्वार। यह शेरशाह के समय के सुनहरे इतिहास का परिचय करवाता है। आज का पटना यानी कल का पाटलिपुत्र 2500 अर्थात् ढाई हजार वर्ष पूर्व चहुँओर मजबूत दीवार से घिरा था। इसमें 64 दरवाजे थे।

पश्चिम दरवाजा (छायाकार : आर. रहमान)

शेरशाह ने इस चहारदीवारी से घिरे किले के बीच एक राजमार्ग का निर्माण करवाया। आज यही अशोक राजपथ के नाम से जाना जाता है। पाटलिपुत्र की सुरक्षा के वास्ते पूर्व और पश्चिम दिशा में लकड़ी के दो प्रवेश द्वार थे, जिन्हें पूरब एवं पश्चिम दरवाजे के नाम से जाना जाता था। द्वार पर काले 'संगमूसे' पत्थर से बने स्तंभ थे जिनपर अनोखी कलाकृतियाँ बनी थीं। कालांतर में पूर्व का स्तंभ विलीन, नष्ट हो गया, परंतु पश्चिम द्वार का एक स्तंभ प्रतीक रूप में विद्यमान है। शेरशाह के शासनकाल में पश्चिम दरवाजा प्रवेश द्वार हुआ करता था, वह आज मात्र विशाल फाटक स्तंभ से सटा है, शेष बचा है। अशोक राजपथ के किनारे लोहे के ग्रिल से घिरा मात्र गंदगी से पटा भग्नावशेष बना खड़ा है। यहाँ बने शिलापट्ट पर धूल की परत जमी है। इस पर लिखे ऐतिहासिक तथ्यों को कठिनता से ही पढ़ा जा सकता है। शिलालेख का धूल-धूसरित हो कूड़ेदान में तब्दील हो जाना हमारे अतीत के गौरव को सुरक्षा प्रदान करने के स्थान पर समाज पर निंदनीय एवं हास्यास्पद प्रश्नों की झड़ी लगा रहा है। आज पश्चिम दरवाजा को पर्यटक स्थल के रूप में विकसित करने की जरूरत है। पश्चिम दरवाजे का कूड़ेदान में परिवर्तित हो जाना हमारे वर्तमान पुरातत्त्व विभाग की अकर्मण्यता पर हँस रहा है। मेरे पटना को राजधानी बने रहने के लिए पश्चिम दरवाजे की मरम्मत एवं सफाई पर ध्यान देना अत्यावश्यक है, ताकि मैं हीनता से ग्रस्त न हो जाऊँ।

मैं अब आपको अपनी पटना सिटी में अवस्थित कुछ ऐतिहासिक एवं प्रतीक स्थलों पर दृष्टि डलवाना चाहता हूँ। आप देखेंगे कि पाटलिपुत्र से पटना की यात्रा में कई मंदिर, मसजिद, महल, किले बने और गिरे तथा कई अवशेष रूप में आज भी खड़े हैं। जैसे—

2. जैनुद्दीन हैबत जंग का मकबरा (नवाब शहीद का मकबरा)— नवाब सिराजुद्दौला के पिता जैनुद्दीन हैबतजंग के मकबरे को लोग 'नवाब शहीद का मकबरा' के नाम से अधिक जानते हैं। बेगमपुर (पटना सिटी) में कई एकड़ में सुंदर बगीचे के मध्य संगमूसा (काला कीमती पत्थर) के पत्थरों से निर्मित जैनुद्दीन हैबतजंग का मकबरा तथा उसी अहाते में बनी

विशाल मसजिद को देखने पर्यटक तथा इतिहास के छात्र आते हैं। शिया लोग इस स्थान को श्रद्धा और भक्ति से देखते हैं। मुहर्रम के समय हिंदू और मुसलमान सभी हिस्सा लेते हैं। इस मकबरे की अपनी ही कहानी है। जैनुद्दीन के पिता हाजी अहमद ने मुहम्मद साहब के चरण-चिह्नों वाले पत्थर तले अपना खजाना छिपा रखा था। अफगानों ने उनके मकान के इस स्थान से 60-70 लाख सोने-चाँदी के सिक्के तथा कीमती आभूषण बरामद किए। जैनुद्दीन के घर से 3 लाख रुपए के सिक्के भी लूट लिये। अफगानों के शासनकाल में पटना में खूब लूट-खसोट हुई। अफगानों ने मेरे शहर में 1748 के तीन महीने के अंतिम शासन काल में काफी आतंक फैलाया। शेरशाह द्वारा कायम सुव्यवस्था, लोकप्रियता को इन आतंकवादियों ने तहस-नहस कर दिया। जैनुद्दीन बिहार का गवर्नर था। अफगानों ने उसके सिर को धड़ से अलग कर दिया। उसके पिता हाजी अहमद कैद कर लिये गए। मेरा पूरा शहर तबाह हो रहा था। लोग सब भाग खड़े हुए। जैनुद्दीन की बेगम ने चतुराई से जनानखाने का दरवाजा बंद करा दिया। परंतु बाद में बेगम तथा बच्चे भी अफगानों की गिरफ्त में आ गए। जैनुद्दीन की पत्नी अमीना बेगम तथा उसकी छोटी बेटी को खुली गाड़ी में बैठाकर पूरे पटना सिटी में घुमवाया गया एवं बाहर कैंप में ले जाकर उन्हें बेइज्जत किया गया।

जैनुद्दीन हैबत जंग का मकबरा (छायाकार : आर. रहमान)

जैनुद्दीन के दुश्मनों ने उसका कटा हुआ सिर पटना के पूरब दरवाजे पर टाँग दिया। बाद में मित्र सैयद इसफानी ने सिर और धड़ को एकत्र कर पटना सिटी स्टेशन से दक्षिण बेगमपुर मुहल्ले में दफन कर काले कीमती पत्थरों एवं स्फटिक का एक विशाल मकबरा बनवा दिया, जिसे 'नवाब शहीद मकबरा' के नाम से भी जाना जाता है।

3. जिन्नात की मसजिद—यह मसजिद अगमकुआँ में थोड़ा पश्चिम कुम्हरार से पूर्व सुदर्शन पथ के सटे रेलवे फीडर रोड से दक्षिण मुहल्ला जयपुर धनुकी (कुम्हरार) में स्थित है। कहते हैं कि इसे जिन्नों, प्रेतात्माओं ने एक ही रात में निर्मित किया था। आज भी इसकी रखवाली जिन्न ही करते हैं। रँगाई-पुताई का काम भी वे ही करते हैं। यह दूर से ही नित नवीन, चमाचम तथा आकर्षक दिखती है। यह जिन्नात की मसजिद 300 वर्ष प्राचीन है। इस मसजिद में लगे अभिलेख बताते हैं कि इस मसजिद का निर्माण प्रेत्माओं (जिन्नातों) द्वारा किया गया था।

मीर अशरफ की मसजिद के संबंध में भी ऐसी ही जिन्नाती कहानी है। मीर अफजल की मृत्यु 1760 में हुई तथा उनके पुत्र की मौत 1775 में हुई। मीर अशरफ ने 1773 में इस मसजिद का निर्माण कराया। जिस अहाते में दोनों की मजारें हैं, उसके दक्षिण-पश्चिम में एक ऊँची जगह पर अन्य व्यक्तियों के पास एक महिला की तुर्बत है, जिसकी मृत्यु 1775 में हुई। कहा जाता है कि पुराने समय में यहाँ जिन्नों का निवास था। दिन में सन्नाटा रहता था और रात में चहल-पहल, गाने-बजाने की आवाजें आती थीं। साहित्यकार तथा 'बिहार-बंधु' के संपादक स्व. कमला प्रसाद वर्मा ने अपनी पुस्तक 'भूलती-भागती यादें' (1949) में इस कब्रिस्तान में होनेवाले जिन्नों के तमाशों का उल्लेख किया है।

4. नूरी चोर मकबरा—एक कँगने मसजिद—पटना सिटी में मालसलामी थाने से करीब डेढ़ मील पूरब, सिमली के पास सड़क के उत्तरी किनारे पर 'एक कंगन का मकबरा है'। इस मकबरे से एक मील की दूरी पर फतुहा रोड से सटे ही दक्षिणी किनारे पर 'नूरी चोर का मकबरा' स्थित है।

ये दोनों मकबरे एक-दूसरे की कथा सुनाते आज भी खड़े हैं। ऐसी कहावत है कि नूरी चोर चौरकला में काफी प्रवीण था। पटना के तत्कालीन गवर्नर ने जब यह खबर सुनी तो उसे बुला भेजा। नूरी चोर के उपस्थित होने पर उन्होंने (गवर्नर साहब ने) उससे अपने राजमहल में चोरी करने की कला का प्रदर्शन करने को कहा। नूरी चोर तुरंत तैयार हो गया। एक खास तारीख और रात चोरी के वास्ते निश्चित हुई। कड़ा पहरा होने के बावजूद नूरी चोर महल में घुसकर साहब की बेगम का एक हाथ का कँगन चुरा भागा। दूसरे दिन नूरी चोर को गवर्नर साहब ने बुलवाया और पूछा—तुम इस चोरी के एक कंगन का क्या करोगे?

एक कंगने मसजिद (वर्तमान में) (छायाकार : आर. रहमान)

नूरी ने कंगन से अपने लिए एक मकबरा बनवाने की माँग की। नूरी की इच्छानुसार उस एक कंगन की लागत से एक मकबरा बनवाया गया। बेगम साहिबा के पास जो एक कंगन बचा था, उसकी लागत से उन्होंने भी अपने लिए एक मकबरा बनवाने का आदेश दिया। बाद में बेगम साहिबा का मकबरा 'एक कँगने मसजिद' तथा नूरी का मकबरा 'नूरी चोर मसजिद' के नाम से

नूरी चोर का मकबरा (वर्तमान में)
(छायाकार : आर. रहमान)

प्रसिद्ध हुआ। यह घटना तीन सदी पूर्व मुगलकाल की है। शाद अजीमाबादी की पुस्तक 'नक्शे पायदार' में अजीमाबाद के इतिहास में नूरी चोर की मसजिद तथा एक कँगने मसजिद की चर्चा है।

मैं क्या-क्या सुनाऊँ! मेरे यहाँ के छोटे-मोटे स्थानों का मनोरंजक, परंतु तथ्यपूर्ण इतिहास छिपा हुआ है। सोचिए, एक चोर भी अपनी पहचान बना जाता है।

5. महाराज घाट—यह चौक से पश्चिम में स्थित है। इसी के नजदीक दो सूफी संतों ताज एवं मंगन के मजार अवस्थित हैं। औरंगजेब द्वारा निर्मित एक मसजिद भी है। इसी के पश्चिम अशोक राजपथ के किनारे 1489 ई. में बंगाल के तत्कालीन सुल्तान अलाउद्दीन हुसैन शाह द्वारा निर्मित अति प्राचीन मसजिद है।

6. कालीदारी महल क्षेत्र—सैफ खाँ मदरसे से दक्षिण एवं पटना साहिब स्टेशन का क्षेत्र कालादारी महल कहलाता है। जालान कोठी इसी क्षेत्र में है। मुगल राजकुमार परवेज तथा अजीम के महल भी इसी क्षेत्र में थे, जो अभी धराशायी हो चुके हैं। इसी क्षेत्र में नेपाली कोठी है, जहाँ नेपाल से आनेवाले तीर्थार्थियों की विश्राम करने की व्यवस्था थी।

7. तख्त श्री हरमंदिर—इसे पटना साहिब गुरुद्वारा के नाम से भी जाना जाता है। यह सिखों के दसवें एवं अंतिम गुरु गुरुगोविंद सिंह जन्मस्थान है। इस गुरुद्वारे का निर्माण महाराजा रणजीत सिंह ने करवाया। यहाँ एक संग्रहालय है, जिसमें गुरु गोविंद सिंह से संबंधित अनेक अवशेष रखे गए हैं, सबसे महत्त्वपूर्ण गुरु ग्रंथ साहब की एक प्रति भी है।

तख्त श्रीहरिमंदिर (छायाकार : के.एम. शर्मा)

8. गुरु गोविंद सिंह—सिक्ख संप्रदाय के नौवें गुरु तेगबहादुरजी के पुत्र गुरु गोविंद का जन्म पटना में 22 दिसंबर, 1966 को हुआ था। अपने बारे में गुरु गोविंद में लिखा है कि पूर्व जन्म में उन्होंने प्रभु के चरणों में प्रभुमिलाप एवं 'एक जोत एक स्वरूप' का अनुभव हेमकुंट साहब में पाया था।

जिस समय औरंगजेब का अल्लाह के नाम पर गैर-मुसलिमों का कत्ल जुल्म भारत में हो रहा था, प्रभु के आदेश पर उनका जन्म नौवें गुरु तेगबहादुर के पुत्र के रूप में हुआ। ताकि वे लोगों को प्रभु ध्यान नाम-जप की प्रेरणा दें। उनसे आकर्षित होकर लाखों हिंदू-मुसलमान शिष्य बन गए।

बाल्य अवस्था में ही उनकी ख्याति बढ़ गई। एक-दो प्रारंभिक चमत्कार की चर्चा युक्तिसंगत है।

सर्वप्रथम पश्चिम में पीरजी भीखमशाह हरियानणवी ने (जिन्हें सभी धर्मों के लोग मानते थे) पटना आकर बताया कि ये 'ईश्वरी नूर' हैं, आभास उन्हें हुआ। अत: 'परमेश्वर के अवतार' का दर्शन करने पीरजी पटना आए।

एक बार पटना के प्रख्यात पं. शिवरामजी ने गंगा किनारे एक बालक को देखा, जो वहाँ एकांत स्थल पर तट पर अंतर्धान प्रभु में लीन था। इन्हें 'बाला प्रीतम' कहा।

बड़े जमींदार राजा फतेहचंद मैनी के पास सबकुछ था। किंतु एक पुत्र के अभाव में दु:ख-ही-दु:ख था। पति-पत्नी पं. शिवराम के पास आशीर्वाद के लिए गए। पंडितजी ने कहा 'बाला प्रीतम' का ध्यान करो।

पति-पत्नी ने ध्यान करना प्रारंभ किया। पत्नी ने अनुभव किया कि एक बच्चा सहसा उनकी गोद में बैठ गया। बच्चे ने कहा—'बड़ी भूख लगी है, कुछ खाने को दो।' उन्होंने 'छोला और पूरी' चँगेरी में हाजिर की। बालक ने केवल चँगेरी को छूकर कहा—'सबको बाँट दें।' राजा-रानी चकित हो गए। आनंदरस से भर गए। फिर तो 'बाला प्रीतम' से बार-बार मिलने लगे। उन्होंने अनुभव किया, अब वे पूर्ण हो गए। अपने घर को ही गुरुद्वारा में परिवर्तन कर दिया।

बाद में यह भी देखा गया कि एक दिन गंगा तट पर 'बाला प्रीतम' बाल सखाओं के साथ घूम रहे थे। एक कोढ़ी को रोज तट पर बैठा देखकर इन्होंने उसे गंगा में धकेल दिया। जब वह व्यक्ति गंगा से निकला उसका कोढ़ समाप्त हो गया। 'बाला प्रीतम' की अनेक चमत्कारक कथाएँ चारों ओर फैल गईं।

पिता गुरु तेगबहादुर जब अनेक क्षेत्रों की धर्मसभाओं से लौटे, तब उन्होंने पूरे परिवार को आनंदपुर साहब में लाकर बसाया।

आनंदपुर साहब में गुरु गोविंद सिंह को दसवीं गुरु गद्‍दी मिली। फिर भी मन, धन एवं तन पढ़ाई में भी लगाते रहे। फारसी-संस्कृत, ब्रजभाषा एवं पंजाबी की पढ़ाई की।

औरंगजेब के जुल्मों से सामना-रक्षा हेतु शूर वीर लोगों को जमा किया। उन्होंने सफल योद्धा बनने की ओर शिक्षा का प्रसार किया।

आनंदपुर साहब में गुरु गद्‍दी पर विराजित होकर जुल्म का सामना करने के लिए आत्मरक्षा के लिए तलवार की आवश्यकता समझी। माता गुजरी ने समझाया कि संत मत के प्रचार में संत-साधुओं को युद्ध की आवश्यकता नहीं है। अधिकतर उनकी रचना पौंटासाहब में यमुना के तट पर हुई।

गुरु गोविंद सिंह ने अमृत-उपदेश-दीक्षा में औरत और मर्द में कोई फर्क नहीं माना। गुरुजी से सभी सिक्ख प्रेम करते थे। उनके एक इशारे पर सबकुछ करने को तैयार हो जाते थे।

9. हवलपुरा—पटना साहिब स्टेशन से पश्चिमी हिस्से मुहल्ले में हवलपुरा में दो दर्शनीय स्थान हैं—पहला शेरशाह की 1541 ई. में बनवाई हुई मसजिद तथा दूसरा अवध के संस्थापक सादत खाँ के पिता का मकबरा।

10. बड़ी एवं छोटी पटनदेवी—पुनः मैं आपको अपने नगर की संरक्षिका मानी जानेवाली 'बड़ी पटनदेवी' के प्राचीन मंदिर की ओर ले चलता हूँ। पटना सिटी के पश्चिमी द्वार के निकट गुलजारबाग स्टेशन से अनुमानतः 2 किमी. उत्तर महाराजगंज क्षेत्र में स्थित इस मंदिर का निर्माण, मुगल प्रांतपति राजा मानसिंह, जो राजा अकबर के सेनापति थे, ने कराया था।

पटना सिटी के ही चौक क्षेत्र पर अवस्थित भगवती दुर्गा का मंदिर 'छोटी पटनदेवी' के नाम से प्रसिद्ध है। ये दोनों मंदिर मेरी प्राचीन पाटलिपुत्र की अमूल्य निधि हैं।

11. अगमकुआँ—पटना सिटी के ही गुलजारबाग क्षेत्र से कुछ दूरी पर ऐतिहासिक अगमकुआँ अवस्थित है। इसके पास शीतला देवी का मंदिर परिसर है। मौर्य सम्राट् अशोक द्वारा निर्मित इस कुएँ में अशोक ने अपने 99 भाइयों को मारकर फेंक दिया था एवं खुद सम्राट् बन बैठा। यह एक मान्यता है। अगमकुआँ आज भी मगध सम्राट् अशोक का स्मरण करा रहा है।

12. पंच पहाड़ी—अगमकुआँ से डेढ़ किमी. दक्षिण-पश्चिम में मिट्टी के पाँच पहाड़ों का समूह है, जिसे पंच पहाड़ी के नाम से जाना जाता है। आज इसे बड़ी पहाड़ी, छोटी पहाड़ी के नाम से जाना जाता है। बैंडल के अनुसार, यह अशोक द्वारा निर्मित बौद्ध स्तूप था। छोटी पहाड़ी पर आचार्य उपगुप्त की कुटिया थी, जिन्होंने अशोक को दीक्षित किया था। वास्तव में ये अशोक के भ्राता तिष्य थे।

13. मालसलामी मुहल्ला—यह पटना के पूर्वी हिस्से में अवस्थित है। यहाँ पर मुगलकाल में व्यापारिक सामानों पर चुंगी (सलामी) ली जाती थी। इसलिए इसे मालसलामी की संज्ञा दी गई।

अगमकुआँ (छायाकार : आर. रहमान)

14. सैफ खाँ का मदरसा एवं मसजिद—शाहजहाँ के शासनकाल में सैफ खाँ बिहार का प्रांतपति था। उसी ने चौक थाना के उत्तर में मदरसे एवं मसजिद बनवाए। मदरसा फारसी शिक्षा का केंद्र था। मसजिद तो आज बरकरार है, परंतु मदरसा खँडहर बन चुका है।

15. जालान संग्रहालय—यह संग्रहालय जालान हाउस का एक विभाग है। दीवान बहादुर राधाकृष्ण जालान द्वारा बनवाया गया, यह उनका निजी संग्रहालय है, जिसमें जेड, चीनी-मिट्टी के बरतन, मुगलकालीन पेंटिंग तथा चाँदी के तार के काम संगृहीत हैं। गंगा नदी के तट पर किला हाउस कैंपस है। प्राचीन समय में 'पटना फोर्ट', जिसे शेरशाह ने 1541 ई. में बनवाया था, बीसवीं शताब्दी के पूर्वार्ध में गया के नवाब का किला हाउस था, जिसे बाद में दीवान बहादुर राधा कृष्ण जालान ने 1919 में खरीद लिया तथा अपना निवास बना लिया। 1934 के भूकंप में यह किला टूट-फूट सा गया। पुनः 1935 में इसे नए तरीके से बनवाया गया।

16. पीरदमड़िया मसजिद—पटना सिटी की 600 वर्ष पुरानी तीन गुंबद वाली पीरदमड़िया मसजिद मुगलकालीन स्थापत्य कला एवं 'सर्व धर्म समभाव' का अनूठा उदाहरण है।

17. मीर अशरफ अली का मकबरा—यह मकबरा पटना सिटी चौक में शिकारपुर मुहल्ले में स्थित है। 1775 ई. में मुगल शैली के अंतिम दौर में आलमगीर के समय में इसका निर्माण हुआ। यहाँ पर मीर अशरफ अली द्वारा 1773 ई. में एक मसजिद का निर्माण हुआ। यहाँ उनके पिता की मजार भी दर्शनीय है।

18. मंगल तालाब—मूल रूप से इसे शेख मायास की गढ़ी या तालाब कहा जाता था। मैक क्रिंडल द्वारा 1876 ई. में खुदाई के दौरान यहाँ प्राचीन पाटलिपुत्र के अवशेष मिले। पुनः तत्कालीन मजिस्ट्रेट मैंगेल्स ने इसपर ध्यान दिया तथा इसका सौंदर्यीकरण करवाया। इसका नाम मैंगेल्स तालाब पड़ा, जो बाद में मंगल तालाब के नाम से जाना जाने लगा। यह तालाब पटना सिटी चौक के दक्षिण में अवस्थित है।

19. पादरी की हवेली—बिहार का सबसे पुराना गिरजाघर रोमन कैथोलिक चर्च को ही पादरी की हवेली के नाम से जाना जाता है। यह खाजेकलाँ से पश्चिम में अवस्थित है। इसका निर्माण मुगल शासक जहाँगीर के समय हुआ, परंतु 1763 में मीर कासिम के सिपाहियों द्वारा पुनः इसका निर्माण कार्य 1779 ई. में फादर जोजेफ द्वारा पूरा करवाया गया था।

यहाँ पर ही मदर टेरेसा की संस्था 'मिशनरीज ऑफ चैरिटी' का कार्यालय है। इस इलाके में 3 जुलाई, 1857 को पहली बार क्रांति का विस्फोट हुआ, जिसका नेतृत्व पीर अली ने किया। जब अंग्रेज अधिकारी लॉयल ने कड़ी काररवाई का ऐलान किया तो पीर अली ने उसकी हत्या कर दी। बाद में पीर अली को गिरफ्तार किया गया एवं उन्हें छज्जूबाग स्थित उनके निवास पर कमिश्नर टेलर ने फाँसी दिलवा दी। नेपाल नरेश पृथ्वी नारायण के पुत्र बहादुर शाह ने 1782 में अष्टधातु से बना विशाल घंटा भेंट में दिया, जिसे मरिया घंटा के नाम से जाना जाता है। सन् 2013 में तत्कालीन फादर जेराम कापूचिन ने हवेली के मुख्य द्वार का भव्य निर्माण कराया। सन् 2013 के नवंबर माह से 'पादरी की हवेली महागिरजाघर' पर्यटन विभाग के मैप पर अंकित हुआ। देशी-विदेशी पर्यटकों की संख्या में वृद्धि हुई है। यहाँ अनाथ बच्चों को सहारा मिलता है तथा बुजुर्गों की देखभाल होती है।

पादरी की हवेली (छायाकार : आर. रहमान)

20. कमलदह सिद्ध क्षेत्र—गुलजारबाग स्टेशन के समीप श्री कमलदह सिद्ध क्षेत्र है, जो सुदर्शन स्वामी का निर्वाण स्थल है। यहाँ से सटे एक टीले पर मंदिर है, जिसके अंदर आचार्य स्थूलिभद्र का चरण-चिह्न विराजमान है। नगर-वधू कोशा एवं स्थूलिभद्र की चित्रशाला थी, जहाँ महामुनि स्थूलिभद्र ने चातुर्मास बिताया था। यह उनकी तपस्थली भी कही जा सकती है। आज यह चित्रशाला ध्वस्त हो चुकी है।

कमलदह सिद्ध क्षेत्र (छायाकार : आर. रहमान)

21. चैतन्य महाप्रभु मंदिर—चैतन्य महाप्रभु मंदिर 400 वर्ष पुराना है तथा पटना सिटी के गायघाट के निकट स्थित है। यहाँ ईश्वर की प्रतिमाओं के अतिरिक्त दुर्लभ साहित्यिक कृतियाँ, पांडुलिपियाँ, ऐतिहासिक महत्त्व की वस्तुएँ, चित्र तथा पुस्तक आदि संगृहीत हैं। चैतन्य महाप्रभु गया में अपने पिता के पिंडदान के उपरांत जहानाबाद होते हुए यहाँ पर अतिथिशाला में ठहरे थे, जहाँ यह मंदिर है।

22. पत्थर की मसजिद—1626-27 में शाहजहाँ के पुत्र परवेज के आदेश पर सुल्तानगंज क्षेत्र में मुख्य मार्ग पर नजर खाँ द्वारा बनवाया हुआ यह मसजिद है, जो आज पत्थर की मसजिद कहलाता है।

पत्थर की मसजिद (छायाकार : आर. रहमान)

23. मनेरशरीफ—'बाबरनामा' में मुगल बाबर ने इसका जिक्र किया है। पटना से 29 किमी. की दूरी पर स्थित मनेरशरीफ इसलाम धर्म के गढ़ के रूप में जाना जाता है। 13वीं शताब्दी में 'पीर मख्दूम माहिया शाह मनेरी' नामक महान् सूफी संत के मकबरे को 'बड़ी दरगाह' के नाम से जाना जाता है। इनके शाह दौलत का मकबरा 'छोटी दरगाह' नाम से प्रसिद्ध है। मनेर ज्ञान का प्रमुख केंद्र था। व्याकरण के महान् ज्ञाता पाणिनि यहीं के थे। मख्दूम दौलत के गुंबद में कुरान की आयतें लिखी हैं। यह दरगाह मुगलकालीन खासकर शाहजहाँ के शासन के स्थापत्य कला का सर्वश्रेष्ठ नमूना है। सन् 1616 ई. में इब्राहीम खाँ द्वारा बनवाई गई मख्दूम दौलत शाह की दरगाह के परिसर में एक मसजिद भी बनी है, जिसका निर्माण 1619 में इब्राहीम खाँ ने करवाया। अकबर के नवरत्न मान सिंह एवं तानसेन भी दर्शनार्थ यहाँ आए थे। मन्नत एवं चादर चढ़ाने लोग आते हैं।

24. मुनरुद्दौला का मकबरा—ईस्ट इंडिया कंपनी के रॉबर्ट क्लाइव को अधिकार दिलवाने में मुनरुद्दौला ने अंग्रेजों को काफी मदद दी थी। मुनरुद्दौला के नाम का मकबरा पटना सिटी अस्पताल के सामने

स्थित है। यहीं पर गुजरी मुहल्ले में मिर्जा मासूम की मसजिद है, जो आज भी सुरक्षित है।

25. ईसाइयों का कब्रिस्तान—पादरी की हवेली के पश्चिम में अवस्थित यह स्थान एक महत्त्वपूर्ण दुःखद स्थल है। यहाँ एक ऊँचा स्तंभ है, जो 198 अंग्रेज अधिकारियों का स्मारक है। 1763 ई. में मीर कासिम ने नवाब के फ्रांसीसी सेनानायक सोमरु के आदेश पर अंग्रेजों के खिलाफ संघर्ष में 198 अंग्रेज जो कैद में थे, मार दिया था। इस स्तंभ का निर्माण 1880 ई. में हुआ था। बंगाल सरकार द्वारा इस स्मारक पर 28 (अट्ठाईस) अंग्रेज अधिकारियों के नाम लिखे हुए हैं।

इस प्रकार मैंने पटना के प्राचीन हिस्से में अवस्थित कुछ ऐतिहासिक-सांस्कृतिक एवं धार्मिक स्थलों एवं अवशेषों के बारे में बताया। कुछ अन्य स्थल, जैसे—पटना सिटी में सबलपुर में भगवान् विष्णु का मंदिर, हरमंदिर के निकट माँ काली का प्राचीन मंदिर, पटना सिटी के दीवान मुहल्ला के नौजरघाट, गंगातट पर 450 वर्ष पुराना भगवान् चित्र गुप्त का मंदिर, पुरानी पटना सिटी में हाजीगंज के निकट शेरशाह की मसजिद, जिसमें हजरत मुहम्मद शहंशाह सफी की कब्र है। गुलजारबाग रेलवे स्टेशन के करीब कमलदह क्षेत्र में जैनियों का प्राचीन मंदिर तथा जैन संत स्थूलिभद्रजी की समाधि है।

कुम्हरार में मौर्यकालीन राजमहलों, विशाल कक्ष के अवशेष, मौर्य साम्राज्य के अस्सी खंभों वाले भवन के अवशेष मिले। गुलजारबाग का आधुनिक इलाका अंग्रेजों की फैक्टरी के पश्चिम में स्थित है, जिसे मीर कासिम के भाई गुलजार अली ने बसाया। शैक्षिक संस्थान तथा रेलवे स्टेशन, ईदगाह के लिए प्रसिद्ध है। बुलंदीबाग एक मौर्यकालीन स्थल है। यहाँ एक शुंगकालीन स्तंभ है, यह कुम्हरार के उत्तर-पूर्व में स्थित है।

क्या-क्या गिनाऊँ? पुराने पटना के प्रमुख कुछ स्थानों की मैंने झलक दिखलाई। पाटलिपुत्र से पटना की इस यात्रा के मध्य मैंने निचली राजनीति पर चुटकी ली। समय-समय पर शासन में परिवर्तन हुए। मेरे नामकरण तथा

स्थानों का क्षेत्र विस्तार तथा संकुचन होता रहा। मैंने देखा कि मेरा विस्तार, जो पाटलिपुत्र के समय पश्चिम दरवाजा तक सीमित था, क्रमशः आगे पश्चिमी पटना तक फैल गया। मेरा पटना सिटी इलाका पूर्वोत्तर पटना माना जाने लगा तथा क्रमशः वहाँ से बढ़ते-बढ़ते सगुना मोड़ तक पहुँच गया। मेरी जनसंख्या में वृद्धि के साथ-साथ मेरे क्षेत्रफल में वृद्धि होती गई।

कई शासक, मुख्यमंत्री, अफसर, संरक्षक आए और चले गए। परंतु मैं ज्यों-का-त्यों अपने पद पर बना रहा।

मैं अब आपको गुलजारबाग, पत्थर की मसजिद के आगे अन्य महत्त्वपूर्ण प्रतीकों की सैर करवाऊँ।

कुम्हरार अवस्थित शुंगकालीन स्तंभ (छायाकार : के.एम. शर्मा)

26. खुदाबख्श ओरिएंटल लाइब्रेरी—खुदाबख्श ओरिएंटल लाइब्रेरी की स्थापना 1891 में हुई। इसकी तुलना विश्वप्रसिद्ध 'बादलियन लाइब्रेरी' ऑक्सफोर्ड से की जाती है। यहाँ अरबी और फारसी की मूल्यवान पांडुलिपियाँ, पुस्तकें, मुगलकालीन एवं राजस्थानी चित्रकला के अनूठे नमूनों का अद्‌भुत संग्रह है। मौलवी बख्श मोहम्मद का पुस्तकों के प्रति अति

लगाव था। इनके द्वारा खुदाबख्श लाइब्रेरी की शुरुआत हुई। इनके आदेश पर इनके पुत्र खान बहादुर खुदाबख्श ने 4,000 पांडुलिपियों में से 1,400, जो उनके पिता द्वारा मिली थी, को लेकर इस पुस्तकालय की स्थापना की। खुदाबख्श सरकारी वकील थे। बाद में हैदराबाद में निजाम के कोर्ट में मुख्य न्यायाधीश रहे। इस पुस्तकालय में से पुस्तकों को बाहर ले जाने की अनुमति नहीं दी जाती है। 1969 में इस लाइब्रेरी को राष्ट्रीय महत्त्व की संस्था घोषित किया गया। यहाँ से एक त्रैमासिक पत्रिका का प्रकाशन होता है। आगे बढ़ने पर मुरादपुर में पटना मेडिकल कॉलेज एवं अस्पताल होते हुए पटना मार्केट, अंजुमन इसलामिया हॉल, सेंट जोसेफ स्कूल एवं चर्च, ग्राहम हाउस एवं ए.एस.आई. ऑफिस, बाँकीपुर क्लब, विक्टोरिया जुबली क्लब, कलक्टरिएट, क्राइस्ट चर्च, कारगिल चौक से गुजरते पटना के गांधी मैदान को अनदेखा नहीं कर सकते।

27. पटना कॉलेज—पटना कॉलेज बिहार का सबसे पुराना कॉलेज है। 1863 ई. में खुला। प्रारंभ में लॉ कॉलेज, इंजीनियरींग कॉलेज, साइंस कॉलेज एवं वाणिज्य महाविद्यालय इसी के अंग थे। अतः इस कॉलेज को 'संस्थाओं की जननी' कहा गया। जनवरी 1952 तक यह सरकार द्वारा संचालित था। बाद में इसका संचालन पटना यूनिवर्सिटी के अंतर्गत चला गया। इस कॉलेज में हॉस्टल हैं—मिंटो, जैक्सन, इकबाल एवं जी.जी.एस. हॉस्टल। पटना कॉलेज की पृष्ठभूमि में प्रसिद्ध पुस्तक 'ए पैसेज टू इंडिया' में इ.एम. फॉर्स्टर के उपन्यास में 'चंद्रपुर कॉलेज' में वास्तव में पटना कॉलेज का वर्णन है। गंगा के किनारे कॉलेज परिसर वृहत् रूप से फैला हुआ है। कॉलेज का एडमिनिस्ट्रेटिव हिस्सा 17वीं सदी के डच फैक्टरी का Opium (ओपियम) भंडार था। 1935 तक इसके प्रधानाचार्य ब्रिटिश होते थे। बाद में भारतीय होने लगे।

प्रसिद्ध स्नातकों में सच्चिदानंद सिन्हा (प्रथम प्रेसीडेंट इंडियन कॉन्सिटुएंसी एसेंबली), जयप्रकाश नारायण, अनुग्रह नारायण सिन्हा, श्री कृष्ण सिन्हा आदि का नाम है।

28. पटना यूनिवर्सिटी—सन् 1917 में पटना यूनिवर्सिटी स्थापित हुई। डॉ. सच्चिदानंद सिन्हा पाँच साल के लिए सिनेटर के रूप में नियुक्त हुए, जिसके प्रधान एडवर्ड गेट थे। 1936 में डॉ. सिन्हा कुलपति बने तथा 1944 तक इस पर पर आसीन रहे।

पटना कॉलेज (छायाकार : के.एम. शर्मा)

29. पी.एम.सी.एच.—पटना मेडिकल कॉलेज 1874 में टेंपल मेडिकल स्कूल के नाम से खुला। किंतु इसका स्थानांतरण दरभंगा किया गया। पुन: मेडिकल कॉलेज पटना में 'प्रिंस ऑफ वेल्स' मेडिकल कॉलेज के नाम से बना। विभिन्न रजवाड़ों की वित्तीय सहायता द्वारा इस कॉलेज के अलग विभागों के मकानों का निर्माण कराया। इस प्रकार बिहार में मेडिकल शिक्षा का प्रारंभ हुआ। इतना ही नहीं, शिक्षा के अलावा यहाँ जनसाधारण के इलाज का कार्य भी होता है। वर्तमान में इसका नाम पटना मेडिकल कॉलेज है। यहाँ का पुस्तकालय पुस्तकों, आधुनिक यंत्रों, इंटरनेट, कंप्यूटर, फोटोग्राफी, इलेक्ट्रॉनिक गैजेट से लैस है। भारत में पोस्टग्रैड स्तर की शिक्षा

में विशेषकर ऑर्थोपेडिक्स, फिजियोलॉजी, ओबस्ट-गाइनोकोलॉजी एवं रेडियोग्राफी क्षेत्र में अभिन्न भारत भारत भर में सर्वप्रथम प्रारंभ हुआ था।

इस अस्पताल की सरकार द्वारा वित्त व्यवस्था होती है। नामी डॉक्टरों की शिक्षा यहाँ हुई, उदाहरणार्थ डॉ. विधानचंद्र राय, डॉ. देवयंतमा सिंह, पद्मभूषण डॉ. दुःखनराम, पद्मभूषण डॉ. बी. मुखोपाध्याय, डॉ. आर.सी. राम, पद्मश्री डॉ. एस.एन. आर्य, भूपूर्व मंत्री डॉ. सी.पी. ठाकुर, डॉ. गोपाल प्रसाद सिन्हा, डॉ. नीरज कुमार, डॉ. नितिन मजुमदार, डॉ. सुनील श्रोफ, डॉ. एस.एल. मंडल आदि।

पटना मेडिकल कॉलेज अस्पताल (पी.एम.सी.एच.) बाँकीपुर में अशोक राजपथ पर गंगा के किनारे स्थित है।

30. गांधी मैदान—पटना के गांधी मैदान के वक्ष पर इतिहास की अनेक स्मृतियाँ बिखरी पड़ी हैं। यहाँ राष्ट्रपिता महात्मा गांधी की प्रतिमा स्थापित है। गांधीजी के नाम के सम्मान में इसका नाम गांधी मैदान पड़ा। तत्कालीन आयुक्त मैट कॉफ ने इसे 1824 के पूर्व बनवाया। यह अंग्रेजों के मनोरंजन का केंद्र था। घुड़सवारी, तरह-तरह के खेल, मिलन-जुलन का स्थल था। वर्तमान में यह छायादार वृक्षों से घिरा खेलने, टहलने से लेकर आंदोलन व आयोजन की जगह बना हुआ है। यह लॉन या रेसकोर्स के रूप में जाना जाता था। 1824 में विशप हेबर पटना आए थे। उन्होंने अपनी मेजबान लेडी डावले के साथ इस मैदान का चक्कर लगाया। अंग्रेजों का क्रीड़ा-स्थल होने के कारण यहाँ सार्वजनिक आयोजन की मनाही थी। यह सार्वजनिक आंदोलन को रोकने की जगह थी। 1857 के आंदोलन के दौरान तत्कालीन आयुक्त टेलर की आज्ञा से पीर अली एवं उनके साथियों को गांधी मैदान के किनारे वृक्ष पर टाँगकर सार्वजनिक रूप से फाँसी दी गई।

गांधी मैदान अपनी सुंदरता के लिए प्रसिद्ध था। 'A Passage to India' में अंग्रेज उपन्यासकार ई.एम. फॉर्स्टर में इसकी चर्चा की है। कालांतर में यह मैदान राजनीतिक, सामाजिक, सांस्कृतिक एवं बड़े-बड़े आयोजनों के साथ-साथ मेले, खेल व धार्मिक प्रवचनों का केंद्र बना। (चित्र पृष्ठ 10 पर)

1946 में महात्मा गांधी सांप्रदायिक दंगों के प्रभाव को मंद करने के भाव से पटना आए थे। गांधी मैदान से सटे ए.एन. सिन्हा इंस्टीट्यूट, जो उस समय शिक्षा मंत्री डॉ. सैयद महमूद का सरकारी आवास था, में वे करीब तीन महीने रुके। वहाँ से पूरे देश को शांति का संदेश पहुँचाया। वे प्रायः इसी मैदान में प्रार्थना-सभा करते थे। आज उन्हीं की स्मृति में इस मैदान का नाम गांधी मैदान है। स्वतंत्रता के पश्चात् कई दिग्गज नेताओं एवं पार्टियों की राजनीतिक गतिविधियों एवं शक्ति-प्रदर्शन का इसने इतिहास रचा।

गांधी मैदान के मंच से महात्मा गांधी के अतिरिक्त जवाहरलाल नेहरू, सरदार वल्लभ भाई पटेल, डॉ. राजेंद्र प्रसाद, सुभाष चंद्र बोस, मौलाना आजाद, इन्दिरा गांधी, अटल बिहारी वाजपेयी एवं नरेन्द्र मोदी जैसे नेताओं ने आवाम को अपना संदेश पहुँचाया। जयप्रकाश नारायण ने 1974 में 'सम्पूर्ण क्रांति' का नारा इसी गांधी मैदान से दिया। गांधी मैदान के उत्तरी-पश्चिमी हिस्से में 'शहीद पीर अली खान पार्क' भी है।

31. मिसर पेट्रोल टैंक—गांधी मैदान के पूरब में बिहार का सबसे पुराना पेट्रोल टैंक है। कन्हैयालाल मिसर ने 1911 में स्थापित किया।

32. गोलघर—मेरे यहाँ, यानी पटना का गोलघर प्रतीकात्मक रूप से शहर के बाँकीपुर गर्ल्स हाई स्कूल के सामने एवं गांधी मैदान से पश्चिम लोदीपुर मुहल्ले में अवस्थित है। 1786 ई. में कैप्टन जॉन गाख्रस्टन ने अनाज भंडारण अथवा अनाज को को सुरक्षित रखने के लिए गोलघर का निर्माण करवाया। यह अर्धगोलाकार 96 फीट ऊँचा है तथा इसकी दीवार 12 फीट मोटी है। 22 मार्च, 2015 से लाइट एवं साउंड द्वारा पटना के बारे में जानकारी देने की व्यवस्था भी है। इसमें कोई शक नहीं कि गोलघर पटना को मुख्य स्मारक की संज्ञा दी जाए। (चित्र पृष्ठ 11 पर)

33. गांधी संग्रहालय—गांधी मैदान के अशोक राजपथ पर महात्मा गांधीजी की स्मृति में गांधी संग्रहालय का निर्माण हुआ। गांधीजी के निजी जीवन में उपयोग में आनेवाली अनेक वस्तुओं, चित्रों तथा पुस्तकों का यहाँ संग्रह है।

शहीद स्मारक (छायाकार : के.एम. शर्मा)

हनुमान मंदिर और आसपास का क्षेत्र (छायाकार : के.एम. शर्मा)

34. बिड़ला मंदिर—उद्योगपति राजा बलदेव दास बिड़ला द्वारा सन् 1942 में इस मंदिर का निर्माण पटना के गांधी मैदान से एक किमी. की दूरी पर सब्जीबाग में किया गया।

35. श्रीकृष्ण विज्ञान केंद्र—यहाँ विज्ञान की विभिन्न प्रकार की वस्तुओं को प्रदर्शनार्थ रखा गया है।

36. छज्जूबाग—यह डच फैक्टरी के अधीक्षक का निवास स्थान रहा। 1854 ई. से 1857 ई. के मध्य तक पटना के तत्कालीन कमिश्नर विलियम टेलर का निवास स्थान था। बहावी आंदोलन के नेताओं से बातचीत करने के वास्ते विलियम टेलर ने उन्हें आमंत्रित किया, परंतु पुनः नेताओं को कैद कर लिया। आज यह कोठी पटना उच्च न्यायालय के मुख्य न्यायाधीश का निवास स्थल है।

37. सदाकत आश्रम—यह बिहार विद्यापीठ का मुख्यालय रह चुका है। एक राष्ट्रीय विश्वविद्यालय के रूप में 1921 में स्थापना हुई। भारत के प्रथम राष्ट्रपति डॉ. राजेंद्र प्रसाद का निवास स्थान था। आज यह राजेंद्र स्मृति संग्रहालय के नाम से मशहूर है।

38. इंदिरा गांधी तारामंडल—यह एशिया का वृहत् तारामंडलों में एक तारामंडल है।

39. संजय गांधी जैविक उद्यान—यहाँ विभिन्न किस्म के जानवर, पशु-पक्षी तथा दुर्लभ किस्म की वनस्पतियों को संरक्षित किया जाता है।

40. पटना संग्रहालय—डॉ. सच्चिदानंद सिन्हा के प्रस्ताव पर अप्रैल 1917 में बिहार-उड़ीसा के गवर्नर सर एडवर्ड गेट ने पटना संग्रहालय की स्थापना की। शुरू के दिनों में संग्रह की गई पुरातत्त्व वस्तुएँ पटना उच्च न्यायालय के परिसर में रखी जाती थीं, परंतु स्थानाभाव के कारण वर्तमान संग्रहालय का निर्माण 1928 में पूरा हुआ। 7 मार्च, 1929 को संग्रहालय को बिहार-उड़ीसा के तत्कालीन गवर्नर हेगलेंस डाउन स्टेफनसन ने आम जनता के लिए सार्वजनिक कर दिया। ग्यारह प्रभागों में विभक्त इस संग्रहालय में 50 हजार से भी अधिक वस्तुएँ संगृहीत हैं। प्रभागों में पुरातत्त्व, कला, मुद्रा, जंतु-विज्ञान, प्राकृतिक इतिहास, अस्त्र-शस्त्र, भूतत्त्व, अभिलेख, प्रतिछाप

तथा प्लास्टर प्रतिकृति, औद्योगिक, डॉ. राजेंद्र प्रसाद के जीवन से संबंधित वस्तुएँ सँजोई गई हैं।

भगवान् बुद्ध के अस्थि अवशेष, प्रस्तरकालीन अवशेष, ऐतिहासिक वस्तुएँ, कुषाण-काल के गंधार एवं मथुरा की कलाकृतियाँ, गुप्तकालीन प्रतिमाएँ एवं अवशेष, पाल एवं सेन कलाकृतियाँ, यक्ष की मूर्ति आदि मूल्यवान धरोहर यहाँ सुरक्षित हैं (पटना संग्रहालय, यक्ष की मूर्ति का चित्र पृष्ठ 6 पर देखें)। महापंडित राहुल सांकृत्यायन द्वारा तिब्बत से लाया गया तिब्बती लंका चित्र भी सँजोया हुआ है। लुप्तप्राय पशु-पक्षी, जानवरों की विभिन्न जातियों-प्रजातियों की प्रतिकृतियाँ भी रखी हुई हैं। आसनसोल से प्राप्त अति प्राचीन चीड़ वृक्ष का प्रस्तर परिवर्तित फॉसिल भी यहाँ सुरक्षित है।

बुद्ध स्मृति पार्क (छायाकार : अजय कुमार)

41. शहीद स्मारक—उच्च न्यायालय, सचिवालय आदि स्थानों से आगे गुजरने पर विधानसभा के पूर्वी गेट पर 'शहीद स्मारक' अवस्थित है। 1942 ई. में शहीद हुए छात्रों की स्मृति में इसे बनाया गया है। यहाँ गोलियों से भूने गए छात्रों की मूर्तियाँ हैं, जिन्होंने 1942 में भारत 'छोड़ो आंदोलन' में भाग लिया था।

42. परिवहन भवन—सरकार का परिवहन भवन एक महलनुमा हवेली में अवस्थित है। पटना के वीरचंद पटेल पथ पर स्थित यह भवन 'इंडो-सरासेनिक' स्थापत्य-कला से निर्मित इसलामी वास्तुकला का अनूठा उदाहरण है। इसे 'सुल्तान पैलेस' कहते हैं। इसे पटना हाईकोर्ट में न्यायाधीश रहे सुल्तान अहमद, जो पटना विश्वविद्यालय के उपकुलपति भी रहे, ने बनवाया था।

43. डॉ. राजेंद्र प्रसाद की समाधि—पटना के गोलघर के निकट बाँसघाट में देश के प्रथम राष्ट्रपति डॉ. राजेंद्र प्रसाद की समाधि है।

44. हनुमान मंदिर—पटना के रेलवे स्टेशन से सटे इस प्राचीन मंदिर का विगत कुछ वर्षों में जीर्णोद्धार किया गया है। यह विशाल और सुंदर मंदिर श्रद्धालुओं की श्रद्धा का केंद्र बना पटना की ऐतिहासिक और धार्मिक संस्कृति का प्रतीक है। पटना जंक्शन परिसर में स्थित प्रसिद्ध मंदिर है। हिंदुओं की आस्था का प्रमुख केंद्र है।

45. बुद्ध स्मृति पार्क—पटना जंक्शन के सामने फ्रेजर रोड पर यह स्थित है। बिहार सरकार ने भगवान् बुद्ध के 2554वें जन्मदिवस पर इसका निर्माण किया। पूर्व में इस स्थान पर ब्रिटिश शासनकाल का बना कारागार था। मुख्यमंत्री श्री नीतीश कुमार की पहल पर 2010 में दलाई लामा ने इसका उद्‌घाटन किया। बोधगया एवं श्रीलंका से महाबोधि वृक्ष की टहनियों को लाकर रोपा गया। 200 फीट ऊँचा पाटलिपुत्र करुणा स्तूप, पार्क के मध्य में बनाया गया है। स्तूप के मध्य में बुद्ध की अस्थियों को रखा गया है। कुछ बुद्ध संबंधित वस्तुएँ जापान, म्याँमार, दक्षिणी कोरिया एवं थाइलैंड से लाकर रखी गई हैं। पार्क के मध्य में एक प्रार्थना कक्ष है। इसके भीतर साठ ध्यानकक्ष हैं। यहाँ पुस्तकालय है, जिसमें बुद्ध संबंधी साहित्य हैं। साउंड एव लाइट शो का भी प्रबंध है। (पृष्ठ 24 पर चित्र)

देशरत्न डॉ. राजेंद्र प्रसाद

(8 दिसंबर, 1884 से 28 फरवरी, 1963)

डॉ. राजेंद्र प्रसाद

इनकी कर्मभूमि पटना रही। 3 दिसंबर, 1884 को बिहार के सारन जिले के जीरादेई गाँव में जनमे राजेंद्र प्रसाद की प्रारंभिक शिक्षा-दीक्षा छपरा तथा पटना में हुई। उच्च शिक्षा (वकालत की डिग्री) कलकत्ता से हासिल की। कलकत्ता हाईकोर्ट में वकालत करने के सिलसिले में पटना हाईकोर्ट के संपर्क में आए। 1918 में महात्मा गांधीजी के संपर्क में आने के बाद वकालत छोड़ दी और पूरी तरह स्वतंत्रता संग्राम में लग गए। 1947 में देश को आजादी मिली। कुछ दिनों, महीनों तक मंत्रिमंडल में प्रमुख मंत्री रहे। बाद में कुछ कालोपरांत देश के प्रथम राष्ट्रपति के पद को सुशोभित किया।

राजेंद्र बाबू की शुरुआती कार्यस्थली पटना रही। उस समय मैं दो भागों में विभक्त था। पूर्वी क्षेत्र 'पटना सिटी' तथा पश्चिमी क्षेत्र 'बाँकीपुर' कहलाता है। बाँकीपुर क्षेत्र बिल्कुल वीरान था। दूर-दूर तक अंग्रेजों की विशाल कोठियाँ, सरकारी दफ्तर, अमीरों, नवाबों के बाग-बगीचे थे। दीघा क्षेत्र में आम्र बगीचे थे। दीघा का मालदह आम मीठा और स्वादिष्ट होता है। आज तो आम्रकुंज गायब हो गया है। दीघा स्कूलों की इमारतों, लोगों के वास-स्थलों, मकानों, व्यापार के ठिकानों से भर गया है।

गंगा नदी तट स्थित अपनी जमीन का एक बड़ा हिस्सा 'मौलाना मजहरुल' ने स्वतंत्रता आंदोलनकारियों को निवास, प्रशिक्षण तथा कार्यालय के लिए दे दिया। उस स्थान का नाम पड़ा 'सदाकत आश्रम'।

सरकारी स्कूलों, कॉलेजों का बहिष्कार करनेवाले छात्रों की शिक्षा के

वास्ते 'बिहार विद्यापीठ' के नाम से राष्ट्रीय विद्यालय की स्थापना हुई। राजेंद्र बाबू ने इस विद्यापीठ में पढ़ाने का कार्य किया तथा उसी में आम्रकुंजों से बनी अपनी छोटी-सी कुटिया में निवास भी रखा।

संगठन की दृष्टि से मेरे शहर का पूर्वी हिस्सा—पटना सिटी—नवाब, रईसों, आंदोलनकारियों के लिए समर्पित इलाका था। 1857 में पीर अली के नेतृत्व में मेरे शहर के नागरिकों ने अपनी वीरता और एकता का परिचय दिया। अंग्रेजों ने मेरे ऊपर क्या-क्या न कहर ढाए, परंतु मैंने सबकुछ सहन किया तथा राष्ट्रीय एकता की भावना को अक्षुण्ण रखा। विद्रोही कवि बिस्मिल अजीमाबादी ने लिखा—''सरफरोशी की तमन्ना अब हमारे दिल में है, देखना है जोर कितना बाजू-ए-कातिल में है।''

राजेंद्र बाबू के पुत्र श्री मृत्युंजय प्रसाद के अनुरोध पर गांधीजी 1918 में पटना सिटी आए तथा राजालेन स्थित नेतराम की धर्मशाला में ठहरे। यहाँ उन्हें कई समर्पित युवा मिल गए, जो कांग्रेस के कार्यकर्ता बन गए। गांधीजी के आने के कारण राजेंद्र बाबू का मनोबल बढ़ा तथा सेवा समिति का गठन किया। राजेंद्र बाबू की सार्वजनिक जीवन की शुरुआत हुई। 1920 में 'प्रजाबंधु' नामक राष्ट्रीय साप्ताहिक का प्रकाशन भी प्रारंभ हुआ। इस प्रकाशन के साथ श्री अनुग्रह नारायण, आचार्य बद्री प्रसाद वर्मा, अंबिका कांत सहाय, श्री जस्सू लाल गुप्त आदि दिग्गज जुड़ गए।

राजेंद्र बाबू राष्ट्रपति भवन में निवास अवश्य करते, परंतु आत्मिक रूप से पटना में बसते थे। राष्ट्रपति भवन में उनका जीवन संतमय था।

डॉ. राजेंद्र प्रसादजी का पटना सिटी के पुराने घरानों से निकटवर्ती संबंध थे। राम साहब रेलिजन टीचर पं. बालगोविंद मालवीय से उनकी आत्मीयता थी। वे उनके मंदिर तथा श्री वराह मिहिराचार्य पुस्तकालय अकसर जाते थे। आज यह मंदिर एवं पुस्तकालय नष्ट हो गया है। इस प्रकार बाबूजी ने अपने राष्ट्रीय कर्तव्यों को निबाहते हुए 28 फरवरी, 1963 को अपनी आम्रकुटीर में आकर गंगा सेवन करते हुए जीवन-लीला समाप्त की।

लोकनायक जयप्रकाश नारायण (1902–79)

सिताब दियारा में जनमे जयप्रकाश नारायण भारत के प्रमुख नेता बने। अमरीका में शिक्षोपरांत राजनीति में आए। जयप्रकाशजी के विचारानुसार प्रत्येक ग्राम एक लघु गणतंत्र है एवं अपने निर्णयों के लिए सक्षम है। वे गांधीवाद एवं पश्चिम के प्रजातंत्र के सम्मिलित विचारों के समर्थक थे। उनकी पुस्तक 'The Reconstruction of Indian Politics' को 'Magasaway Award' मिला।

गांधीजी के मृत्योपरांत उन्होंने प्रजा सोशलिस्ट पार्टी बनाई। 1974 में उन्होंने पटना से संपूर्ण क्रांति का नारा दिया। उन्हें 'लोकनायक' कहा गया। स्वतंत्रता आंदोलन में 'डांडी मार्च' एवं 'भारत छोड़ो आंदोलन' में इनके योगदान रहे हैं।

जयप्रकाश नारायण : पटना में एक कार्यक्रम के दौरान (छायाकार : के.एम. शर्मा)

इनके मरणोपरांत 1999 में 'भारतरत्न' उपाधि से सम्मानित किया गया। इनके नाम पर पटना हवाई अड्डे का नाम लोकनायक जयप्रकाश नारायण

इंटरनेशनल एयरपोर्ट रखा गया एवं राजवंशी नगर में अस्पताल भी इनके नाम पर है।

इनकी सोच एवं दिशा-निर्देशन नेतृत्व क्षमता अकस्मात् 1974 में पूरे भारत में फलीभूत हुई। प्रधानमंत्री श्रीमती इंदिरा गांधी के गैर-गणतांत्रिक भ्रष्ट शासन के विरोध में भारतीय युवकों, विद्यार्थियों एवं विपक्ष के नेताओं के समर्थन से 'संपूर्ण क्रांति आंदोलन' का श्रीगणेश पटना की धरती से हुआ। जिस समय इलाहाबाद हाईकोर्ट ने श्रीमती इंदिरा गांधी के चुनाव को भ्रष्ट घोषित कर, रद्द कर दिया, तब जयप्रकाशजी ने 'गद्दी-छोड़ो' का नारा दिया। इंदिराजी ने एमरजेंसी घोषित कर, इन्हें एवं इनके अनुयायियों को नजरबंद करवा दिया। कारावास में इनका स्वास्थ्य खराब हो गया। उन्हें कारावास से छोड़ दिया गया। 1977 के चुनाव में इनके समर्थकों ने इंदिरा कांग्रेस को हरा दिया। जयप्रकाशजी की सलाह से भारत को नई दिशा मिली।

डॉ. विधान चंद्र राय

इनका जन्म 1882 में बाँकीपुर, पटना में हुआ था। ये अलौकिक प्रतिभा के डॉक्टर थे। इन्होंने एक साथ ही एफ.आर.सी.एस. एवं एम.आर.सी.पी. की थी। उन्हें देश और समाजसेवा के लिए 'भारतरत्न' से सम्मानित किया गया था। ये चौदह वर्षों तक पश्चिमी बंगाल के मुख्यमंत्री भी रहे। पटना की संपत्ति का एक ट्रस्ट बनाया था। इनके जीवन का ध्येय था 'Whatever the hands findeth to do, do it with thy might'। इनका विश्वास था भारत की युवाशक्ति पर।

□

अबुल हसन एवं अब्दुल लतीफ की नजर में पटना

अबुल हसन (शाहजहाँ के श्वसुर) के साथ अहमदाबाद के अब्दुल्ला अब्बासी के पुत्र अब्दुल लतीफ सन् 1608 में आगरा से राजमहल की यात्रा की। लतीफ साहब ने अपनी यात्रा का वर्णन अत्यंत रोचक ढंग से किया। उन्होंने मेरे बारे में लिखा—

"पटना बड़ा ही लतीफ और शरीफ शहर है। अपनी तरोताजा आबोहवा और मौसम के कारण यह सदाबहार जगह है। यहाँ का पानी मीठा, सुस्वादु और पेट के अनुकूल है। पटनावासी स्वस्थ और हृष्ट-पुष्ट हैं। विस्तार तथा देखने में यह नगर अहमदाबाद जैसा प्रतीत होता है। खाने-पीने और पहनने की वस्तुएँ अन्य स्थानों की तुलना में दुगुनी-तिगुनी सस्ती हैं। यह रहने लायक जगह है। एक ओर गंगा नदी से घिरा हुआ है, शेष तीनों तरफ से कच्ची दीवार की किलेबंदी है। अकबर के समय में काफी संघर्ष के पश्चात् अफगानों के हाथों से छीना गया और शहर पर कब्जा हुआ। यहाँ पर व्यापारी-व्यवसायी, आरामपसंद लोगों ने अपना निवास बना लिया है। इराक और खुरासन के जितने आदमी यहाँ नजर आते हैं, उतने भारत के किसी शहर में नहीं दिखते। जहाँगीर कुली खाँ ने नगर के बाहर सुंदर बगीचा लगवाया है।...आदि-इत्यादि।"

मेरी सीमा, मेरे प्राचीन नाम पाटलिपुत्र के समय पश्चिम दरवाजा तक ही सीमित थी। पुनः मेरा विस्तार पूरब से पश्चिम की ओर हुआ। पटना

सिटी का इलाका पूर्वोत्तर पटना कहलाने लगा। शेरशाह के समय मैंने आज का पटना कॉलेज की तरफ फैलाव किया। अंग्रेजों ने ईस्ट इंडिया कंपनी के जमाने में गुलजारबाग तक बढ़ाया। किंतु 1912 के बाद पटना को न्यू पटना के रूप में स्कॉटलैंड के सर पेट्रिक गेडेस की डिजाइन पर गवर्नमेंट हाउस, सेक्रेटेरियट, हाईकोर्ट, फ्रेजर रोड को योजनाबद्ध कर बढ़ाया। 1947 के बाद सरकारी ऑफिसरों ने पश्चिमी पटना में पाटलिपुत्र नामक कॉलोनी बनाई। फिर कंकड़बाग, राजेंद्र नगर जैसी अनेक कॉलोनियाँ बनाई गईं। गर्दनीबाग पहले से ही मौजूद था। नए-नए मार्केट—पटना मार्केट, हथुआ मार्केट, मौर्य लोक, बोरिंग रोड बनाए गए। अब तो कई मॉल भी बने हैं जैसे पी ऐंड एम मॉल, बिग बाजार आदि। मल्टीप्लेक्स सिनेमा हॉल भी बने हैं। प्रमुख 'पी ऐंड एम मॉल', एलफिंस्टन, मोना आदि। 'के एफ सी', 'मैकडोनल्ड', 'डोमिनोज', 'पिज्जाहट', 'सब वे' और 'कैफे कॉफी डे' आदि फास्ट फूड का भी चलन हो गया है। कई आवासीय तथा खाने-पीने की सुविधा प्रदान करनेवाले होटल-रेस्तराँ भी मेरे क्षेत्र पटना में पनपे।

बिहार की राजधानी 'पटना' नाम की मान्यता मुझे प्राप्त है। मेरे उत्तर दिशा से पूरब की ओर बहती गंगा नदी मेरे प्राचीन इतिहास की याद दिलाती है, जब मेरा नाम पाटलिपुत्र था। भले ही आज गंगा नदी की धारा दूर चली गई है। गंगा प्रदूषित हो चुकी है। गंगा नदी के किनारों पर के अवशेष प्राचीन पटना का स्मरण करा रहे हैं। तटों पर स्थित मंदिर, मसजिद, घाट, महल, स्कूल, कॉलेज हमारी धरोहर हैं। दर्शनीय स्थलों के विषय में मैंने चर्चा की है। ट्रेन, प्लेन या बस द्वारा आप मेरे यहाँ के दर्शनीय स्थलों से परिचित हो सकते हैं। अपनी सभ्यता तथा संस्कृति का ज्ञान प्राप्त कर सकते हैं।

मेरे यहाँ आज भीड़, सड़क जाम की समस्या है। नगर में अधिकांश लोग ऑटो रिक्शा, रिक्शा, मोटरसाइकिल की सवारी करते हैं। नगर में साइकिल चलाना आसान नहीं। कारें तथा बसें सड़कों में जाम लगा देती

हैं। फुटपाथ पर पैदल चलना कठिन है। किनारों पर बैठे फल-सब्जीवाले, चाय-चाट और लिट्टीवाले अपनी छोटी-छोटी दुकानें ठेलों पर लगाकर फुटपाथ की जगह भर देते हैं। यहाँ का प्रमुख बस स्टैंड गांधी मैदान के उत्तर में अवस्थित है।

पटना के गायघाट में महात्मा गांधी सेतु हैं, जो पटना को हाजीपुर, उत्तरी बिहार से जोड़ता है। पटना भ्रमण के लिए अक्तूबर से मार्च तक का समय सैलानियों को पसंद आता है। मैं बिहार की राजधानी पटना के नाम से प्रसन्न हूँ। पटना में आवागमन की सुविधाओं की बढ़ोतरी के कारण बाहर से रोजी-रोटी के वास्ते लोगों के आने-जाने से आबादी और भीड़ बढ़ गई है। मेरा दम घुटता है। खुली हवा, ऑक्सीजन की कमी महसूस होती है। गरमी भी बढ़ गई है। पर्यावरण दूषित होता जा रहा है। बढ़ती आबादी के अनुपात में सार्वजनिक सुविधाओं में कमी आई है। प्रदूषण बढ़ा है। पेड़ कटते जा रहे हैं। हरियाली कम हुई है। तल्लेनुमा मकानों की भरमार होती जा रही है। साँस लेने की समस्या से बीमारियाँ बढ़ी हैं।

शिक्षा के क्षेत्र में मैं पीछे नहीं। पटना यूनिवर्सिटी तथा इसके अंतर्गत पटना कॉलेज, बी.एन. कॉलेज, कॉमर्स कॉलेज, मगध महिला कॉलेज, वीमेंस कॉलेज आदि प्रमुख हैं। मगध विश्वविद्यालय के अंतर्गत ए.एन. कॉलेज, वाणिज्य महाविद्यालय आदि मेरे यहाँ प्रमुख हैं। विद्यालयों की गिनें तो सेंट माइकेल, सेंट जेवियर्स, डॉन बास्को, लोयला, पटना कॉलेजयिट, राजा राम मोहन राय सेमिनरी, पी.एन. ऐंग्लो स्कूल, क्राइस्ट चर्च और केवल छात्राओं के लिए—सेंट जोसेफ, नॉटरडम, बाँकीपुर गर्ल्स हाई स्कूल, कृष्णा निकेतन, आर्य कन्या विद्यालय आदि प्रमुख हैं।

मैं पटना कला-साहित्य और इतिहास के क्षेत्र में किसी से कम नहीं। मेरे यहाँ कला-साहित्य तथा साहित्य के लिए—बिहार रिसर्च सोसाइटी, पटना (1915), बिहार हिंदी साहित्य सम्मेलन (1919) और बिहार राष्ट्रभाषा परिषद् (1950), अरेबिक ऐंड रिसर्च इंस्टीट्यूट, पटना 1955, ए.एन. सिन्हा सामाजिक अध्ययन संस्थान, पटना, कला एवं संगीत के

पटना में यातायात की समस्या (छायाकार : के.एम. शर्मा)

लिए भारतीय नृत्य-कला मंदिर नामी है। एल.एन. मिश्रा इंस्टीट्यूट, पटना, इंडियन इंस्टीट्यूट ऑफ बिजनेस मैनेजमेंट, पटना, चंद्रगुप्त इंस्टीट्यूट ऑफ मैनेजमेंट, पटना आदि काफी विकसित हुए हैं।

चिकित्सा के क्षेत्र में पटना के पटना मेडिकल कॉलेज, 1925, नालंदा मेडिकल कॉलेज, पटना, पटना डेंटल कॉलेज, बुद्धा डेंटल कॉलेज, कंकड़बाग, पटना आदि।

इंजीनियरिंग के क्षेत्र में आई.आई.टी. (2008), नेशनल इंस्टीट्यूट ऑफ टेक्नोलॉजी (एन.आई.टी), पटना इंजीनियरिंग कॉलेज (पटना यूनिवर्सिटी के अंतर्गत)।

प्रमुख प्रयोगशालाएँ तथा अनुसंधान केंद्रों में बिहार रिसर्च सोसाइटी, पटना, राजेंद्र मेमोरियल मेडिकल रिसर्च इंस्टीट्यूट, अगमकुआँ, पटना, इंदिरा गांधी आयुर्विज्ञान संस्थान, पटना, कृषि अनुसंधान केंद्र, मीठापुर, पटना, राजकीय संयुक्त खाद्य एवं औषधि प्रयोगशाला, अगमकुआँ, पटना।

पशु चिकित्सा महाविद्यालय बिहार वेटनरी कॉलेज, पटना वगैरह-वगैरह मेरी जमीन पर विकसित हो चुके हैं तथा सेवा प्रदान कर रहे हैं।

ललित कला के क्षेत्र में गवर्नमेंट कॉलेज ऑफ आर्ट्स एंड क्राफ्ट, पटना वजूद बनाए हुए है।

खेलकूद के विकास हेतु पटना (राजेंद्र नगर) में राज्य-स्तरीय क्रीड़ा कॉम्प्लेक्स का निर्माण हुआ है। 1986 में मुझे पटना के मोइनुल हक स्टेडियम में अंतरराष्ट्रीय विश्वकप क्रिकेट मैच (जिम्बाब्वे और केनिया के बीच) खेला गया। समय-समय पर इस स्टेडियम में फुटबॉल, क्रिकेट आदि खेल खेले जाते हैं।

आप मेरे पाटलिपुत्र से पटना के सफरनामा में मेरे उत्तरोत्तर विकास को आँक सकते हैं।

फिल्म एवं कलाकारों में शत्रुघ्न सिन्हा, शेखर सुमर, अनुराग सिन्हा आदि पटना के निवासी, मुंबई फिल्म की नगरी में मेरी कीर्ति को स्थापित कर रहे हैं। शत्रुघ्न सिन्हा हमारे सांसद भी हैं। कई भोजपुरी फिल्में भी मेरे

यहाँ निर्मित हुई हैं। 'पटना फिल्मोत्सव' का पहली बार आयोजन 25-27 दिसंबर, 2009 तक बिहार इंडस्ट्रीज एसोसिएशन के सभागार में हुआ। अब तक चार बार फिल्म महोत्सव आयोजित हो चुके हैं।

मेरे यहाँ के गीत-संगीत को भी भुलाया नहीं जा सकता। यहाँ शास्त्रीय संगीत की दिव्य परंपरा है। ध्रुपद, धमार, खयाल और ठुमरी राज्य के प्रमुख प्रचलित शास्त्रीय संगीत हैं।

यहाँ लोकगीतों का व्यापक चलन है। लोकगीतों को बिना वाद्य-यंत्रों के समूह में झूम-झूमकर गाया जाता है। प्रमुख चैती, कजरी, होली में फाग, जाँतसारी, विद्यापति के गीत, सोहर, आल्हा-ऊदल, बिरहा अनेक लोकगीतों को समय-समय पर ऋतु के अनुसार गाया जाता है। आधुनिक संगीत के दिलेर मेंहदी जैसे कलाकार पटना के हैं।

पटना के खगौल निवासी सुबोध गुप्ता की पहचान विश्वस्तरीय चित्रकार के तौर पर है। चित्रकला के क्षेत्र में पटना शैली के चित्र प्रमुख हैं। प्रमुख चित्रकार पटना के शिवलाल का नाम इस शैली के चित्रकार के रूप में लिया जाता है। पटना शैली चित्रकला में जनसाधारण के जीवन का चित्रण होता है। अन्य प्रमुख चित्रकारों में— सेवकराम (1770-18 30) हुलास लाल (1785-1885) ईश्वरी प्रसाद वर्मा, कन्हैया लाल, दक्षो बीबी, सोना कुमारी, चैखजी, बेनीलाल, रामेश्वर प्रसाद आदि आते हैं। पटना शैली के चित्रकारी को पुरुषों की चित्रकारी कहा जाता है।

मेरे पटना, बिहार प्रदेश की मिथिला पेंटिंग या मधुबनी पेंटिंग का अंतरराष्ट्रीय महत्त्व है। उपेंद्र महारथी को कौन नहीं जानता! आचार्य रामलोचन शरण, पुस्तक भंडार के संस्थापक के संरक्षण में महारथीजी की चित्रकला एवं पेंटिंग का विकास, विस्तार एवं निर्माण हुआ। मिथिला पेंटिंग को ज्यादातर महिलाएँ बनाती हैं। अत: इसे महिलाओं की चित्रकारी कहते हैं।

पटना के मुख्य पर्व एवं त्योहारों में हिंदुओं के मकर-संक्रांति, सरस्वती पूजा, महाशिवरात्रि, होली, रामनवमी, रक्षाबंधन, कृष्णाष्टमी,

अनंत चतुर्दशी, जीतिया, दशहरा, दीपावली, चित्रगुप्त पूजा, भैयादूज, छठ पर्व, कार्तिक पूर्णिमा आदि पर्व काफी धूमधाम से मनाए जाते हैं। मुसलिमों के मुख्य पर्व ईद, बकरीद, मुहर्रम, शबेबरात; उराँव जनजाति के सरहुल, कर्मा धर्मा, तथा ईसाइयों के क्रिसमस, ईस्टर, गुड-फ्राइडे आदि पर्व मुख्य हैं।

"पटना के कालिदास रंगालय के स्थानीय कलाकारों द्वारा समय-समय पर नाटक तथा नृत्य-संगीत का आयोजन होता रहता है। पटना का भारतीय नृत्य कला भवन नृत्य एवं संगीत के क्षेत्र में अपना स्थान बनाए हुए है। रवींद्र भवन, एस.के. मेमोरियल हॉल पटना में लिटरेचर फेस्टिवल (Literature Festival) का भी आयोजन होता है। इनमें सांस्कृतिक आयोजन भी किए जाते हैं। पटना में वाराणसी की पद्धति से पंडितों द्वारा कुछ घाटों, जैसे—गांधी घाट, गायघाट आदि पर गंगा आरती होती है।"

ज्ञान-विज्ञान के क्षेत्र में मेरे यहाँ पुस्तकालयों की कमी नहीं। वे काफी समृद्ध हैं। कुछ प्रमुख पुस्तकालयों को भुलाया नहीं जा सकता।

सिन्हा लाइब्रेरी—सन् 1955 ई. में सिन्हा लाइब्रेरी को बिहार राज्य केंद्रीय पुस्तकालय का दर्जा मिला। इस पुस्तकालय में लगभग 1 लाख 50 हजार पुस्तकें संगृहीत हैं।

श्री गोपाल नारायण सार्वजनिक पुस्तकालय, भरतपुरा—इसकी स्थापना 12 दिसंबर, 1912 को गोपाल नारायण सिंह द्वारा की गई। यहाँ ऐतिहासिक हिंदी, उर्दू, संस्कृत की 5 हजार पांडुलिपियों का संग्रह है। ई.पू. 780 वर्ष का तालपत्र पर लिखा महाभारत, सूर्य सिद्धांत, द वर्क्स ऑफ शेक्सपियर (चौदह भाग में), द वर्क्स ऑफ चार्ल्स डिकेन (9 भागों में), सचित्र शाहनामा आदि उपलब्ध हैं। मुगलकालीन दुर्लभ 200 चित्र तथा 100 प्राचीन सिक्के इस पुस्तकालय में संरक्षित हैं।

गेट पब्लिक लाइब्रेरी—लॉर्ड गेट के नाम से अंग्रेज गवर्नर द्वारा 1916 ई. में इस लाइब्रेरी की स्थापना राँची में हुई थी। 1916 ई. में इसका स्थानांतरण पटना में हो गया। इस लाइब्रेरी में सामाजिक, राजनीतिक,

धार्मिक, सांस्कृतिक, आर्थिक आदि विषयों पर पुस्तकें उपलब्ध हैं। वेद-पुराण, गांधीजी, विवेकानंद, सुभाषचंद्र बोस से संबंधित पुस्तकें तथा बच्चों के लिए भी पुस्तकों का संग्रह है।

श्रीकृष्ण चैतन्य पुस्तकालय, गायघाट—1870 ई. में राधालाल गोस्वामी द्वारा स्थापित पुस्तकालय में हस्तलिखित पांडुलिपियाँ, विभिन्न शैलियों के प्राचीन चित्र तथा खुदाई से प्राप्त ऐतिहासिक वस्तुएँ संगृहीत हैं। फारसी की पांडुलिपियों तथा छोटे आकार का 'कुरान शरीफ' भी उपलब्ध है। यहाँ की पांडुलिपियाँ एवं पुस्तकें गोस्वामी परिवार की निजी संपत्ति हैं।

मंत्रिमंडल एवं समन्वय विभागाधीन सचिवालय परिसर के दो पुस्तकालयों में 57 हजार पुस्तकें संगृहीत हैं। अंग्रेजी, हिंदी, बँगला तथा उर्दू की महत्त्वपूर्ण पत्रिकाओं का क्रय होता है।

बिहार राज्य अभिलेखाकार—इस पुस्तकालय में 20 हजार पुस्तकें तथा प्रतिवेदनों का अनूठा संग्रह है। टोडरमल द्वारा लिखित रकबाबंदी-टोडरमली, वाल्टर, डॉलर का शोधग्रंथ, पिजेंट मूवमेंट इन बिहार, हिंदू एस्ट्रोनॉमी पर रखी गई है। बंगाल और बिहार के एडमिनिस्ट्रेटिव रिपोर्ट्स 1870 ई. से 1973 ई. तक तथा 19वीं शताब्दी का सेंसेक्स रिपोर्ट उपलब्ध है।

राज्य सूचना केंद्र—26 अगस्त, 1959 को स्व. पृथ्वीराज कपूर द्वारा राज्य सूचना केंद्र का शुभारंभ हुआ। 20 हजार विविध विषयों से संबंधित पुस्तकें यहाँ उपलब्ध हैं।

मैंने इन पुस्तकालयों की चर्चा की, जिनमें प्राचीन जानकारियाँ संरक्षित हैं। वे मेरी धरोहर हैं। मैं गौरवान्वित हूँ।

पुनः मैं पटना, कुछ प्रमुख व्यक्तियों की चर्चा किए बिना नहीं रह सकता। राजनीतिज्ञों, नेताओं के बारे में पहले ही बता चुका हूँ। कुछ प्रमुख हस्तियों के संबंध में आपका ध्यान आकर्षित करना चाहता हूँ। आपको यह जान प्रसन्नता होगी कि प्राचीन कुसुमपुर (पाटलिपुत्र या आधुनिक

पटना) में (आज के खगौल में) आर्यभट्ट का जन्म 476 ई.पू. में हुआ था। व्याकरणशास्त्री पाणिनि को मनेर (पटना) का निवासी माना जाता है। आर्यभट्ट ने ही बताया कि चंद्र-ग्रहण और सूर्य-ग्रहण क्यों लगते हैं। चंद्रगुप्त मौर्य के दरबार की शोभा बढ़ानेवाले आर्यभट्ट महान् गणितज्ञ तथा खगोलविद् थे। जहाँगीर के समय मोहसिन फानी (इतिहासकार) ने पटना में अपनी प्रसिद्ध पुस्तक 'दबिस्ताने मजाहिब' लिखी। यह विभिन्न धर्मों का तुलनात्मक अध्ययन प्रस्तुत करती है। एक अन्य इतिहासकार गुलाम हुसैन तबातबाई भी अठारहवीं सदी में पटना के निवासी थे।

पीर अली पटना सिटी के पुस्तक विक्रेता थे।

सर सुल्तान अहमद (1880-1963) सुप्रसिद्ध विधिशास्त्री थे, जिन्हें पटना यूनिवर्सिटी का कुलपति होने का गौरव प्राप्त हुआ।

खुदाबख्श खाँ (1842-1908) पटना में 'खुदाबख्श लाइब्रेरी के संग्रहकर्ता रह चुके हैं।

पटना के **सच्चिदानंद सिन्हा** के बिहार के निर्माण-विकास में प्रमुख हाथ है।

1917 में **अली इमाम** पटना हाइकोर्ट के जज के रूप में ख्याति पा चुके हैं।

गोरखनाथ सिंह प्रसिद्ध अर्थशास्त्री तथा शिक्षाविद् थे। वे पटना कॉलेज के प्राचार्य एवं ए.एन. सिन्हा सामाजिक अध्ययन संस्थान के निदेशक के पद पर काम कर चुके हैं।

कालिकिंकर दत्त इतिहासकार तथा शिक्षाशास्त्री थे। पटना एवं मगध विश्वविद्यालय के कुलपति भी रहे।

शाह अजीमाबाद (1848-1927) ने पटना सिटी के रहनेवाले उर्दू के सुप्रसिद्ध कवि के रूप में उर्दू गजल को काफी लोकप्रिय बनाया।

आचार्य नलिन विलोचन शर्मा (1966-69) पटना के बदरघाट मुहल्ले में जनमे हिंदी के मौलिक सर्जनात्मक साहित्यकार, कहानीकार, निबंधकार, संपादक एवं चित्रकार रहे।

ईश्वरी प्रसाद (1887-1949) पटना सिटी बिहार में जनमे लघु-चित्रकला के विशेषज्ञ, अध्यापक, उपप्राचार्य तथा कुशल सितारवादक थे।

गोपालसिंह 'नेपाली' (1911-63)—1935 से 1937 तक पटना के 'योगी' साप्ताहिक पत्रिका के संपादक रहे।

आचार्य रामलोचन शरण (1893-1963)—बाल-साहित्य के अग्रणी पुस्तक भंडार के संस्थापक के रूप में साहित्यकारों की रचनाओं को प्रकाश में लाने, हिंदी भाषा के मानकीकरण के लिए स्मरणीय हैं।

आचार्य शिवपूजन सहाय ने बिहार राष्ट्रभाषा, पटना का संचालन 1950-57 तक किया।

पटना के निवासी कवि सत्यनारायणजी को कौन नहीं जानता!

इस प्रकार मैंने कुछ प्रमुख हस्तियों के नाम गिनाए, कुछ शेष रह गए।

क्या-क्या सुनाऊँ, क्या-क्या गिनाऊँ! मेरी हालत सागर से कम नहीं है। मेरी पाटलिपुत्र से पटना तक की दास्तान मनोरंजक तो है ही, उपयोगी भी है। मैंने भूली-बिसरी घटनाओं, ऐतिहासिक प्रतीकों, मुख्य स्थलों, यात्रा के दौरान भुक्त अनुभवों का आँखों-देखा हाल बताया। सम्राटों, राजाओं, शासकों, व्यवस्थाओं, राजनीतिक गतिविधियों की चर्चा की। मेरे स्वरूप में बदलाव आता रहा, मेरे नाम में परिवर्तन हुआ। निजी सुख-दुःख आपसे साझा किया।

पाटलिपुत्र से पटना तक के सफर के दौरान कुछ बताना भूल भी गया होऊँ, कुछ अधूरा रह गया हो या फिर कुछ छूट गया हो, तो मुझे क्षमा करेंगे। वर्तमान के सभी दर्शनीय स्थलों, प्रतीकों, प्रमुख व्यक्तियों, खास-बेखास होटलों, रेस्तराँओं, पुस्तकालयों, संस्थाओं, कला-संगीत आदि पर प्रकाश डाला। मेरा प्रदेश बिहार सुशासन तथा कानून-व्यवस्था के सुगठन की ओर बढ़ चलेगा, यह मेरी आंतरिक कामना है।

पुनः पाटलिपुत्र से पटना की इस यात्रा को कागज पर उतारने के क्रम में मैंने पाया कि ढाई हजार वर्ष पुराना इतिहास आज खँडहर बन

मात्र यादगार ही रह गया है। पाटलिपुत्र अशोक की कथाओं-गाथाओं का केंद्र है—

"कैसे-कैसे दिन थे अपने
कैसी-कैसी रात।
दबी पड़ी है अवशेषों में
बीते कल की बात।
खँडहर-खँडहर होकर हम
जीने को लाचार।"

उसी पाटलिपुत्र के वर्तमान का एक खाका और, कवि सत्यनारायण के शब्दों में—

"अब तो अपनी-अपनी डफली,
अपना-अपना राग।
रेंग रही है भीतर-भीतर
कोई काली आग।
अब तो अलग-अलग हैं अपने,
तीज और त्योहार।"

युगों में परिवर्तन के दौरान हमारी सभ्यता, संस्कृति भी परिवर्तित होती रही। पाटलिपुत्र हो या समस्त भारत, तब्दीली नित लंबे-लंबे डग भरती बढ़ती रही।

जिंदगी और कुदरत को प्रकृति के साथ संगति करनी होती है। भारतीय संस्कृति ने ढाल बन तब्दीलियों तथा संकट के लगातार प्रवाह को रोक अपने को कायम रखा है। संस्कृति, तहजीब अगर ताकतवर न होती तो यह कब की अपने को खो चुकी होती। तरक्की बदलाव चाहती है तो हिफाजत ठहराव अर्थात् वस्तुस्थिति जैसी है, वैसी ही बनी रहे। भारतीय दर्शन एक ओर व्यक्तिवाद को बढ़ावा देता है, व्यक्ति के संपूर्ण विकास की वकालत करता है तो दूसरी ओर समाज में व्याप्त कायदे-कानून, नियमों की व्यवस्था तथा व्यवहार को दृढ़ता से पालन करने की प्रक्रिया का अनुमोदन

करता है। पटना के इतिहास पर दृष्टि डालें तो पाएँगे कि बाहरी ताकतों ने इसे अपना कुछ-कुछ दिया तो कुछ इससे लिया भी। फिर भी पटना की जिंदगी से विरासत में मिली संपन्न संस्कृति का अंश नष्ट न कर सका। आखिरकार वह मिट गया। मिटते-मिटते वह यहाँ अपना प्रभाव डाल गया और विकास की गति को अवरुद्ध कर गया। पाटलिपुत्र काल में लिखने, पढ़ने और बोलने की भाषा संस्कृत और पाली रही तो अजीमाबाद के जमाने में अरबी, फारसी, उर्दू भाषा का बोलबाला रहा। पटना नाम पूरी तरह से अख्तियार करने तक, हिंदी और उर्दू भाषा का पढ़ने, लिखने और बोलने में प्रयोग होने लगा। अंग्रेजी भाषा के प्रभाव से पटना बच नहीं पाया। लिखने-पढ़ने में अंग्रेजी चुपके से घुस गई। प्राचीन काल में इमारतों के निर्माण में ईरानी तकनीक देखी गई। अशोक के काल में ईरानी तकनीक का प्रभाव पड़ा। स्तूपों की बनावट पर यह लक्षित था। ईरानी रिश्ते की इस नींव को नादिरशाह के हमले की तोड़-फोड़ की नीति ने हिलाकर रख दिया। अंग्रेजों के आने के पश्चात् पड़ोसियों एवं एशियाई देशों के साथ संबंधों के सभी दरवाजे बंद हो गए। अंग्रेजीयत बहाल होने का प्रयास चल पड़ा। यूनानी-यूरोपीय संस्कृति का पटना पर प्रभाव रहा। साथ-साथ अंग्रेज पटना नगरी में अपनी संस्कृति छोड़ गए, जिसमें पटनावासी रचे-बसे हैं।

राष्ट्रकवि मैथिलीशरण गुप्त के शब्दों में—

"हम क्या थे, क्या हो गए और क्या होंगे अभी।
आओ मिल बैठकर विचारें हम यह सभी॥"

(भारत-भारती)

लोगों पर पटना की छाप अमिट है। बी.बी.सी. हिंदी कार्यक्रम के अपूर्वकृष्णा के अनुसार, पूर्व आयर-शायर स्कॉटलैंड, 1802 ई. में विलियम पुलर्टन जो पटना में जनमे थे, उन्होंने अपने ग्राम का नाम 'पटना' रखा। यह ग्राम 8000 मील दूर स्कॉटलैंड में है। पटना को न भुला पानेवाला यह एक वाकया है।

आज पटना की संस्कृति में परिवर्तन की गति तीव्र लक्षित हो रही है। कभी-कभी महसूस होता है कि पश्चिमी छाप में पूर्वी दुनिया के संस्कार, रस्म-रिवाज के अंदाज, रहन-सहन के तरीके मिट न जाएँ। पिछले पचास-साठ वर्षों में पटना की जीवन-शैली में तेजी से बदलाव आया है। समाज उपभोक्तावादी बनता जा रहा है। यह उपभोक्तावादी संस्कृति पटना का चेहरा विकृत कर रही है। यह नगर अनेक धर्मावलंबियों, जातियों, विभिन्न कला-संस्कृतियों के सम्मिश्रण से एक मिश्रित समाज का रूप धारण कर चुका है।

पटना की जनसंख्या में पिछले पचास वर्षों में तेजी से वृद्धि हुई है। साथ ही निकटवर्ती क्षेत्रों से लोग विभिन्न कंपनियों, व्यवसायों, दुकानों, उद्योगों आदि में नौकरी करने के वास्ते आते-जाते रहते हैं, फलतः शहर की आबादी बढ़ी है। संयुक्त परिवार विघटन की स्थिति में है। तल्लेनुमा मकानों में रहने की परंपरा (फ्लैट कल्चर) हावी हो गई है। लोग एक, दो या तीन कमरों के फ्लैट में रहते हैं। ज्यादातर उनमें पति-पत्नी और दो बच्चों का परिवार ही रहता है। कारण, ऐसे लोग अन्य शहरों से कार्य या व्यवसाय अथवा सरकारी एवं गैर-सरकारी नौकरियाँ करते हैं। इनकी दुनिया परिवार के साथ अपने-अपने फ्लैटों में सिमट गई है। प्रायः दूसरे फ्लैट वालों से कोई सरोकार नहीं रखना चाहते। आपसी अंतरंग संबंधों में गिरावट आई है।

मेरे पटना शहर में प्रमुख रूप से 'हिंदी' लिखने-पढ़ने में प्रयुक्त होती है। मगर लोग अपने जनों से भोजपुरी, मगही अथवा मैथिली में बोलते-बतियाते हैं। अंग्रेजी भाषा भी पीछे नहीं। काफी संख्या में लोग अंग्रेजी समझते हैं, बोलते हैं और अंग्रेजी में लिखते-पढ़ते हैं। उर्दू भाषा (बोलने, लिखने और पढ़ने) भी चलन में है।

जहाँ तक खानपान का प्रश्न है, भोजन में लोग दाल-चावल, रोटी, सब्जी, सलाद, सत्तू, पराँठा, पूरी, खीर, सेवई, खिचड़ी, गीली सब्जी वगैरह खाते हैं। लिट्टी-चोखा तो यहाँ खास व्यंजन है। तिलकुट, दही-

चिउड़ा भी काफी लोकप्रिय है। मालपूआ, दालपीठ, मखाना खीर, ठेकुआ, खजुरिया, परवल की मिठाई, गुजिया, चना घुघनी, खाजा, निमकी भी लोग बड़े चाव से खाते हैं। स्वतंत्र्योत्तर शहर के रेस्तराँ में दक्षिण भारतीय और चाइनीज भोजन भी लोकप्रिय हो गए हैं। चाय, कॉफी, लस्सी, पान आदि प्रत्येक चौराहों पर मिलते हैं। गोल्डन, वाडीलाल, अमूल आइसक्रीम तथा कुल्फी आदि को जगह-जगह ठेलेवाले बेचते देखे जा सकते हैं। सड़कों के किनारे ठेले पर चाट, गोलगप्पे, फास्ट फूड, लिट्टी-चोखा, समोसा, भूँजा बेचनेवाले लोगों को अपनी ओर जायका लेने के वास्ते आकर्षित करते दिखते हैं।

मधुबनी पेंटिंग से लोग अपने-अपने घरों की दीवारों को सजाते हैं। पर्व-त्योहारों के समय रंगोली बनाई जाती है। दुर्गा, काली, शिव, राम-सीता, हनुमान एवं राधे-श्याम के विग्रहों एवं चित्रों की पूजा-आराधना की जाती है। पटना शहर में सभी धर्मों का समावेश है। कहीं मंदिर है, तो कहीं मसजिद, कहीं गिरजाघर तो कहीं गुरुद्वारा। ईद, बकरी, शबेबरात, बड़ा दिन, गुरु गोविंद सिंह देवजी का जन्मोत्सव, होली, दीवाली, छठ, रावण वध, दशहरा, रथ-यात्रा, दुर्गा पूर्जा आदि बड़ी धूमधाम से मनाई जाती है।

पिछली सदी में साहित्यकारों, कवियों, कलाकारों का जुटान प्राय: आचार्य रामलोचन शरण के पुस्तक भंडार, गोविंद मित्र रोड के परिसर में होता था। आज भी पटना शहर के कई संस्थानों, जैसे—हिंदी साहित्य सम्मेलन भवन, कालिदास रंगालय, भारतीय नृत्य-कला मंदिर, श्री कृष्ण मेमोरियल हॉल, रवींद्र भवन, म्यूजियम एवं तारामंडल में समय-समय पर कवि-सम्मेलन, हास्य काव्य-पाठ, विचार-गोष्ठियाँ, सांस्कृतिक एवं साहित्यिक कार्यक्रम आयोजित किए जाते हैं। टी.वी., कंप्यूटर, मोबाइल के बढ़ते प्रयोग एवं प्रभाव ने नगरवासियों की सामाजिक दुनिया को संकुचित कर दिया है। लोग अपने-अपने घरों में इन्हीं इलेक्ट्रॉनिक उपकरणों के संग व्यस्त रहते हैं। अधिकतर एस.एम.एस. से संवाद होते हैं। आपसी मेल-जोल, उठना-बैठना कम होता जा रहा है।

भीड़ की समस्या है। माहौल दमघोंटू है। वृक्षों की संख्या घटी है। हरियाली का ह्रास हुआ है। गरमी बढ़ी है। यातायात के साधनों में बढ़ोतरी हुई। फलतः ट्रैफिक जाम की समस्या है। फुटपाथी दुकानदारों ने सड़क के चौड़ेपन में रुकावट पैदा की है। पैदल चलना दूभर है। शहर में रिक्शा, ऑटो, बाइक, मोटर, बस आदि यातायात के प्रमुख साधन हैं। परंतु रिक्शा, मोटरबाइकों ने फुटपाथों को अपना स्टैंड ही बना लिया है। खाली जगह है ही नहीं। भीड़ के कारण लोग परेशान व थके से नजर आते हैं। प्रदूषण बढ़ रहा है। शॉपिंग मॉल का कल्चर पनप चुका है। लोग क्रय-विक्रय तो कम, घूमने-फिरने ज्यादा जाते हैं। एक से बढ़कर एक ब्रांडेड वस्त्र-वस्तुएँ उपलब्ध हैं। अल्प आय वालों में हीन भावना जन्म लेती है। देखादेखी नकल करने का दौर चल पड़ा है। अंतरराष्ट्रीय विख्यात मैकडोनाल्ड, के.एफ.सी., डोमिनोज, पिज्जाहट, कैफे कॉफी डे में युवा वर्गों में खाने-पीने की होड़ सी लग गई है।

पटना के सिनेमाघरों में भी परिवर्तन आया है। वे अब मल्टीप्लेक्स कहलाने लगे हैं। एक ही थिएटर में कई फिल्में लगी होती हैं। टिकटों के मूल्य बढ़ गए हैं। ब्लैक से टिकट बिकना ऑन लाइन टिकट लेने के कारण कम हो गया है।

हर एक व्यक्ति के हाथ में मोबाइल दिखता है। कानों में आइपॉड से म्यूजिक का आनंद लेते युवावर्ग की अपनी ही चाल है। महिलाओं में साड़ी पहनने का प्रचलन कम हुआ है। महिलाएँ, लड़कियाँ, युवतियाँ जींस-टॉप, लेगिंग्स, वेस्टर्न ड्रेस, सलवार, चूड़ीदार, कुरता आदि में सड़कों, बाजारों, कॉलेजों, मुहल्लों में विचरती नजर आती हैं।

सम्राट् अशोक जयंती कार्यक्रम का उद्घाटन करते समाज कल्याण मंत्री मंजू वर्मा ने कहा, "मौर्यवंशियों के अलावा पूरे भारत पर राज करनेवाला कोई दूसरा शासक नहीं हो सका। अपने अतीत को याद करते हुए पटना का नाम फिर से पाटलिपुत्र रख देना चाहिए।" (दैनिक जागरण, पटना, 15 अप्रैल, 2016)

मैं पटना, इस विचार से कंपित हूँ कि पटनावासियों में उपभोगवादी बदलाव से मेरी मूल कला, संस्कृति, मर्यादा, मधुर आचरण की दीवार हिल न जाए! कहीं मेरा अस्तित्व ही न मिट जाए! मैं अपने को खोखला करना नहीं चाहता! मेरे हृदय पर दबाव बढ़ता जा रहा है! कहीं मेरे चीथड़े-चीथड़े न हो जाएँ! 'सादा जीवन उच्च विचार' की उक्ति लुप्त होती दिख रही है। Times of India (11 सितंबर, 2015) के अनुसार, "Let me be free of garbage, Cries Patna."

प्यारे पटनावासियो, ''मेरी अस्मिता, मेरी पहचान बनाए रखना।''

□

संदर्भ-सूची

1. प्राचीन भारत का इतिहास (डॉ. रामशंकर त्रिपाठी)
2. बिहार एक परिचय (इम्तियाज अहमद व कमर अहसन)
3. 'द डिस्कवरी ऑफ इंडिया' (भारत एक खोज, पं. जवाहरलाल नेहरू)
4. दास्तान-ए-पाटलिपुत्र (रामजी मिश्र 'मनोहर')
5. पटना : एक ऐतिहासिक अध्ययन (ई.पू. लगभग 500-1947 ई., डॉ. ओम प्रकाश प्रसाद)
6. आर्क लजिक्स सर्वे ऑफ इंडिया रिपोर्ट्स तथा बिहार संबंधित लिटरेचर वगैरह
7. बिहार—सामान्य ज्ञान (डॉ. विनय कर्ण)
8. प्राचीन भारत का राजनीतिक एवं सांस्कृतिक इतिहास (कुमार एवं कुमार)
9. पाटलिपुत्र—पुरातात्त्विक अवलोकन (राम निवास सिंह)
10. Patna...A Monumental History Department of Art, Culture and Youth Bihar 2008
11. जयंती-स्मारक-ग्रंथ
12. 'Patna'Encyclopedia Britannica Online
13. www.go4patna.com@patnaphotography
14. strong.james.Legends of Ashoka, Delhi : Motilal

Banarsidas ISBN 8120806166

15. Megasthenese. 'of the city of Pataliputra Indica', Book II, Frag XXV: 35-36-P-702
16. Pataliputra Record of Budhist Kingdom by Fahein, translated by James Legge
17. Surendra Gopal, ed (1982) Patna on the 19th Century : A Socioeconomic People. Naya Prakashan, P. 120.

□□□